The Metaverse

Prepare Now for the Next Big Thing!

메타버스

다음 빅씽을 위한 준비

테리 윈터스 저 김계수 역

도서출판 청람

| 목차 |

| 약어 |

- 인공지능(AI): Artificial Intelligence
- 증강현실(AR): Augmented Reality
- 분산형 자율조직(DAO): Decentralized Autonomous Organization
- 분산형 응용프로그램(DApp): Decentralized Application
- 분산형 금융(DeFi): Decentralized Finance
- 대규모 멀티플레이어 온라인 게임(MMO): Massively Multiplayer Online Game
- 대규모 멀티플레이어 온라인 롤플레잉 게임(MMORPG): Massively Multiplayer Online Role-Playing Game
- 대체불가능토큰(NFT): Non-Fungible Token
- 온라인-오프라인(O2O): Online-To-Offline
- 소프트웨어 개발 키트(SDK): Software Development Kit
- 가상현실(VR): Virtual Reality

| 저자 머리말 |

인터넷의 다음 시대로서 메타버스(Metaverse)는 실제 생활을 더 연상시키는 디지털 환경을 제공할 것으로 예상되며, Web 2.0 콘텐츠 플랫폼, 2D 인터페이스 및 세컨드라이프(Second Life)[01]와 같은 중앙 집중식 가상 롤플레잉 세계의 논리적 계승자로 알려져 왔습니다.

현실과 평행하게 존재하며, 경우에 따라서는 물리적 세계와 겹치는 메타버스는 사람들이 가상 목적지의 완전히 몰입된 태양계에서 일하게 하고, 비즈니스를 하게 하며, 사회화하고, 소통하고, 서로 교류할 수 있게 할 것입니다. 일부 논평가들은 심지어 메타버스를 단순히 전화나 컴퓨터 화면에서 보기보다는 인터넷 안에 있는 것으로 비유하기도 합니다. 당연히 많은 사람들이 메타버스에 대해 의구심을 가지고 있고 왜 그런지 그 이유를 쉽게 알 수 있습니다. 공상과학 소설과 초기 기술이 융합된 가상세계에서의 삶은 인간이 무엇인지에 대한 핵심 개념에 도전하고 저항합니다. 메타버스의 약속은 또한 윤리적 우려와 끝

01 세컨드라이프의 크리에이터와 플레이어들은 자신들의 가상세계가 비디오 게임이 아니라 특정한 게임 목표와 레벨 단계가 없는 가상 환경임을 강조합니다. 플레이어가 원하는 것을 할 수 있고 세컨드라이프 안에서 타인과 친밀한 관계 등 자유롭게 자신만의 관계를 형성할 수 있다는 의미입니다.

없는 실존적 의문을 제기합니다. 메타버스는 진짜인가? 그렇게 될까? 만약 그렇다면 우리는 그것을 어떻게 사용할 것인가? 누가 최초 채택자가 되는가? 현재의 기술이 그것을 가능하게 하는가? 그것의 존재로 인해 어떤 문제가 발생할 수 있는가? 누가 그것의 존재로부터 이익을 얻을 것인가? 그것은 현실세계에서 아이들과 사람들의 사회화에 어떤 영향을 미칠까? 그리고 어떻게 하면 돈을 벌 수 있을까? 이것들은 우리가 메타버스를 지나가는 유행이나 공상과학소설로 완전히 치부하기 전에 우리가 묻고 대답해야 할 질문들 중 몇 가지입니다.

지난 10년 구글 글래스(Google Glass)의 상업적 실망을 지켜본 이들에게 헤드마운티드 디스플레이(HMD: Head-Mounted Display)기술은 남은 의혹과 회의를 불러일으키지만, 증강현실(AR: Augmented Reality)은 복잡한 메타버스의 한 조각 그림에 불과합니다. 블록체인기술, 가상현실(VR), 인공지능(AI), 5G 인터넷, 원격근무, 온라인 사회활동 등이 글로벌 대유행으로 가속화되고 있는 등 다른 인접한 부분들이 제자리를 찾아가고 있습니다. 이러한 기술과 트렌드가 함께 모여 메타버스 형태의 가상 우주를 구성하고 있으며 증강현실은 전체적인 발전의 핵심이 될 것으로 보입니다.

가상현실(VR: Virtual Relality)기술의 경우, 여러 차례의 설득력 없는 시도 끝에 대량 채택을 달성하는 것과 유사한 힘든 싸움이 있습니다. 오큘러스 리프트(Oculus Rift)에 대해 10년 전부터 들어봤을지 모르지만 가상현실은 1968년으로 거슬러 올라갑니다. 다모클레스의 검(Sword of Damocles)[02]이라고 불리는 최초의 기능성 헤드마운트 VR

02 다모클레스의 검(Sword of Damocles)은 사용자가 편하게 착용하기엔 너무 무거워 천장에 매달려 있는 크고 무서운 모양의 기구로 묘사되어 있습니다.

시스템을 포함한 일부 시도는 기본적인 프로토타입에 불과했지만, 다른 프로젝트들은 아타리(Atari)의 배틀존(Battlezone)(1980)과 닌텐도(Nintendo)의 버추얼보이(Virtual Boy)(1995)와 같은 아케이드 스타일의 게임으로 가상 엔터테인먼트 시장을 엿볼 수 있었습니다. 그러나 소비자용 VR은 2012년 말 오큘러스 리프트의 킥스타터 캠페인을 시작으로 주류 채택과 노출을 향한 진정한 추진을 최근까지 하지 않았습니다.

이제 5G 인터넷의 출현, 호라이즌 월드(Horizon World)라고 불리는 페이스북의 메타버스 세계 시작, 그리고 COVID-19로 인한 대규모 디지털 채택으로, 우리는 마침내 가상현실기술과 관련하여 거대하고 잠재적으로 패러다임을 바꿀 수 있는 어떤 것의 직전에 있음을 알게 되었습니다.

첨단 가상현실(VR)과 증강현실(AR)은 이전에는 불가능했던 방식으로 브랜드, 비즈니스, 커뮤니티 또는 문화적인 대의에 대한 관심을 불러일으킬 것입니다. 증강현실을 이용해 현실세계에 레이어드되는 가상 게임 디자인, 가상 3D 몰 오픈, 가상 토지 구매 및 플리핑(flipping: 낮은 가격에 집을 사서 리모델링을 거친 뒤 되파는 투자방식, 통상 6개월 내 단기간의 시세차익을 목적으로 함), 나만의 3D 아트갤러리 공개 등이 그것입니다. 메타버스의 VR 및 AR 애플리케이션에 포함된 잠재적인 비즈니스 가치는 과거 시도의 비용을 능가할 가능성이 매우 높습니다.

여전히 메타버스의 새로운 시대와 그에 수반되는 기술에 대한 깊은 통찰은 부족한 상태로 남아 있습니다. 메타버스를 움직이는 다양한 구성요소, 플랫폼, 기술을 이해하려면 완전히 이해하기 위한 시간과 연구가 필요합니다. 이 책을 출판함으로써 메타버스에 대한 나의 지식과 연구를 공유하고 다른 마니아들과 연결하여 노트를 비교하고 프로젝트에 대한 지식을 공유할 뿐만 아니라 메타버스에서 귀중한 서비스와 경험을 공동 창조할 수 있는 다른 기회를 공유하기를 바랍니다(Twitter terrywinters07 또는 e-mail terrywinters@protonmail.com).

실제로 메타버스의 가장 흥미로운 전망 중 하나는 새로운 프로젝트에 대한 투자, 사용자 생성 콘텐츠 제작, 분산형 자율조직(DAO: Decentralized Autonomous Organizations) 참여 등 메타버스의 개발에 대한 개방과 투자입니다.

가상세계에서 투표하고, 공유하고, 자산이나 통화를 구매함으로써 개인들은 테슬라나 페이스북(현재, 회사명은 메타(meta))과 같은 스타트업의 1, 2라운드 투자자들이 상장하기 훨씬 전에 했던 것처럼 프로젝트를 형성할 수 있는 잠재력을 가지고 있습니다. 게다가 메타버스는 예술가, 게임 개발자, 건축가 그리고 많은 다른 전문가들이 그들의 창조성과 미래에 대한 비전을 공유하기 위한 영감의 좋은 원천이 될 것입니다.

메타버스의 개발이 이미 진행 중이지만, 가상 경제의 새로운 반복에서 어떤 프로젝트가 살아남고 번창할지에 대한 확실한 베팅은 없습니다. 현재 투자는 개별 프로젝트에만 투자할 수 있고 전체 메타버스에는 광범위한 단일 베팅으로 투자할 수 없습니다. 분산형 프로젝트(의사결정이 중앙 조직 · 개인 · 그룹에 의해 통제되지 않는 경우)를 포함하는 메타버스 ETF(상장지수펀드), 단일 메타버스 통화 및 글로벌 메타버스는 없습니다. 따라서 가상 트레이너에 수백 달러를 투자하든 가상자산에 수만 달러를 투자하든 자본을 어디에 할당하고 투자할지를 신중하게 선택해야 합니다.

또한 '메타버스'라는 용어가 빅데이터, AI, IoT와 같은 유행어로 사용되어 스타트업을 위한 과도한 투자를 유치하고 예상치 못한 희생자들에게 비전을 과도하게 전달하여 약속된 결과를 달성하지 못하는 폰지사기(역자주: 신규 투자자의 돈으로 기존 투자자에게 이자나 배당금을 지급하는 방식의 다단계 금융사기)로 유도할 가능성이 높습니다. 게다가 메타버스는 낙관적이고 유토피아적인 미래관을 불러일으키는 경향이 있습니다. 특히 공상과학소설과 사이버펑크 문학에 뿌리를 두고 있습니다.

능숙한 엔젤투자자처럼 이 분야에 신중을 기하고, 자신만의 광범위한 연구를 수행하며, 어떤 프로젝트를 왜 지원할지를 결정하는 자신만의 가설을 세워야 할 것입니다. 여기에는 네트워크 효과, 게임화, 비즈니스 기회, 커뮤니티, 신기술에 대한 세심한 분석뿐만 아니라 다른 투자자들과의 네트워킹도 포함될 수 있으며 다른 세계의 미래가치를 추정하기 위해 메타버스에 있는 프로젝트 설립자들을 만나는 것도 포함될 수 있습니다.

그 대신 투자할 가처분소득이 없고 가상 토지에 회의적이거나 암호화폐 관련 프로젝트의 일확천금(get-rich-quick)문화에 거부감이 있는 경우, 실제 인맥과 전문성을 결합해 일자리를 찾고 중요한 이슈를 부각하며 메타버스 내 다른 참여자에게 가치를 제공할 수 있는 다른 기회도 있습니다. 여기에는 가상 이벤트에서 중요한 이슈에 대해 가상 교육자, 이벤트 주최자 또는 대변인이 되는 것이 포함됩니다. 또는 특히 대규모 멀티플레이어 온라인(MMO: Massively Multiplayer Online) 게임에 열광하는 게이머인 경우 가상 소유권을 이해하고 있으며, 인디 게임 개발의 새로운 길을 시작하기 위해 블록체인기술이 무엇을 제공해야 하는지 자세히 알고 싶을 수도 있습니다. 반대로 메타버스에서 건설회사, 건축회사, 마케팅 에이전시 또는 이벤트회사를 서비스 제공자로서 설립하기를 원할 수도 있습니다.

암호화폐 지갑을 포함한 웹 3.0(Web 3.0) 툴에 대한 실질적인 경험을 쌓고자 하는 사람들을 위해 이 책의 부록에는 시작하기 가이드가 포함되어 있으며, 책 말미에는 추가 정보도 포함되어 있습니다.

나는 메타버스는 모두를 위한 것이 아니며 그것은 괜찮다는 것을 강조하고 싶습니다. 그곳에서 시간을 보내거나 가상 토지 및 기타 가상 자산을 구입할 필요가 없습니다. 인터넷 초기와 마찬가지로 메타버스 매력의 일부는 메타버스가 전통적인 현실의 가장자리 밖에 있고 사람들이 사교, 작업, 투자 또는 탐험할 수 있는 대체 매체를 제공한다는 것입니다. 사실, 현실에 구속되거나 소외된 사람들은 메타버스에서 가상 경험의 첫 번째 채택자가 될 가능성이 높으며, 현실에 만족하는 사람들은 메타버스의 세계에 로그인할 필요성을 느끼지 못할 수 있습니다. 적어도 이것이 미래에 더 탐구하고자 하는 관심 영역인지 결정하기 전에 선택지를 이해하고 메타버스가 언젠가 무엇을 제공할지 아는 것이 매우 중요합니다.

마지막으로 이 책의 어떤 것도 법률, 세금, 투자 조언에 대한 내용은 포함하지 않습니다. 항상 당신만의 연구를 수행하세요. 또한 이 책에 포함된 이름, 리더 및 제품 제공을 포함한 프로젝트에 대한 정보는 향후 변경될 수 있음을 기억하기 바랍니다.

| 역자 머리말 |

경험은 행동에서 축적됩니다. 인간이 만드는 메타버스의 경험이 MZ세대로부터 공감을 얻고 있습니다. 탁월한 콘텐츠는 글로벌 공감대를 형성하고 급속히 인터넷을 타고 팬덤을 형성하게 됩니다.

하루가 다르게 변화하는 디지털 혁명 시대에 우물쭈물하다가는 많은 기회를 잃을 게 뻔합니다. 새로운 혁신을 모색하는 개인이나 기업이라면 메타버스라는 새로운 개척지에서 역량을 펼쳐 볼 필요가 있습니다. 고정관념에 꽉 차 있거나 폐쇄적인 세계관을 걷어내고 개방적인 세계관으로 메타버스를 바라봐야 비즈니스 기회인 미래의 먹거리가 보일 것입니다.

메타버스(metaverse)는 초월이라는 의미의 '메타(meta)'와 세계라는 의미의 '유니버스(universe)'의 합성어로 초월적인 세계관을 뜻합니다. 이제 손에 쥔 스마트폰은 모든 일상의 중심이 되었습니다. 새로운 방식으로 소통하고 관계를 맺고자 하는 인간의 욕망은 '메타버스'라는 새로운 플랫폼을 만들어 냈습니다.

코로나19 장기화로 비대면문화가 확산하면서 3차원(3D) 가상세계를 뜻하는 메타버스 플랫폼이 폭발적으로 성장했습니다. 메타버스 안에 구축한 사무실 공간을 통해 동료나 직원끼리 소통하거나 가상 부동산을 거래하는 세상이 열렸습니다.

모든 산업에 스며들고 있는 메타버스는 파생된 가상 경제 생태계를 만들어 내고 있습니다. 메타버스는 단순 기술 트렌드를 넘어 사회·문화적 변화를 동반하고 있습니다. 사업 영역이 불명확해지는 상황과 현실과 가상의 경계가 흐려지면서 새로운 가치창출의 원천이 메타버스가 될 수 있습니다.

메타버스 확산은 빠른 인터넷 속도, 스마트폰 보급, 그래픽처리장치(GPU)의 보급에서 비롯되었다고 할 수 있습니다. 또한 '오큘러스 퀘스트' 같은 메타버스에 접속할 수 있는 새로운 디바이스(기기)와 대체불가능토큰(NFT) 등이 개발되었기 때문입니다.

메타버스는 상상할 수 없는 가상 경제를 만들어 내고 있습니다. BTS는 메타버스 게임 플랫폼 '포트나이트'에서 '다이너마이트'의 뮤직비디오를 공개하고, 온라인 콘서트로만 약 500억 원의 매출을 실현한 적이 있습니다. 네이버의 '제페토'에서 열린 블랙핑크의 가상 팬사인회에는 하루 동안 4,600만 명이 참여하기도 했습니다.

자동차업계에서 모빌리티와 로봇의 영역 확장을 극대화하기 위해 메타버스기술을 활용하는 사례도 등장하고 있습니다. 현대자동차는 메타버스와 로봇기술을 활용하여 차 안에서 집 안의 물건 또는 사람과 교감할 수 있는 세상인 '메타모빌리티(메타버스+모빌리티)' 구현에 앞장서고 있습니다.

가상 공간에서는 인간을 대신하는 페르소나가 활동하는데 가상공간에서 영향력 있는 인물이 등장할 수 있습니다. 이를 '버추얼(가상) 인플루언서'라고 합니다. 버추얼 인플루언서란 진짜 사람이 아닌, 컴퓨터 그래픽으로 만든 '가상 인간'을 말합니다. 버추얼 인플루언서의 광고모델 기용이 빠르게 늘어나고 있습니다.

누구나 마음만 먹으면 자신이 만든 작품을 대체불가능토큰(NFT)화해 비즈니스를 할 수 있는 세상이 다가왔습니다. 앞으로 그림뿐만 아니라 음악, 텍스트 파일까지 NFT로 거래가 활성화될 것입니다.

메타버스 비즈니스를 제대로 하려면 가상현실(VR) · 증강현실(AR), 플랫폼 운영 관련 기술 습득도 중요하지만 보다 근본적으로 컴퓨팅 시스템에 대한 이해가 필요합니다. 메타버스 시대에 필요한 인재는 융합형 인재입니다. 메타버스에서 핵심은 상상력이 풍부하고 메타버스로 구현된 세상에서 이용자가 무엇을 원할 것인지를 알아내는 역량이라 할 수 있습니다. 메타버스를 둘러싼 빅테크(대형 정보기술기업)의 경쟁이 본격화하면서 인력 쟁탈전도 치열해지는 현실에서 융합형 인재 양성이 중요합니다.

독자분들에게 이해하기 쉬운 번역 내용을 제공하기 위해서 고민에 고민을 거듭하였으나 혹시 읽는 데 불편함을 느낀다면 이는 전적으로 번역자의 불찰과 역량 탓입니다. 부족한 부분은 차후에 계속 수정할 것이니 항상 독자분들의 피드백을 환영하고 기대합니다.

이 책의 번역과 출판을 주관해 주신 도서출판 청람의 이수영 사장님과 편집진 여러분들에게 깊이 감사드립니다.

2022년 4월

김계수 드림

1장

메타버스 정의

1장 메타버스의 정의

온라인 경제와 커뮤니티는 폭발적인 속도로 성장하고 있습니다. 한때 인터넷은 저항과 불신의 대상으로 여겨졌지만, 현재 소셜 미디어 사이트에는 매일 수십 억명의 활동적인 사용자들이 있습니다. 게다가 빠른 광대역 연결, 인터넷 접속 가능한 스마트폰, 유비쿼터스 브라우저를 통한 접속이 가능해져 인터넷을 사용하지 않는 것은 사실상 불가능하게 되었습니다.

인터넷의 현재상태 대부분은 웹의 새로운 진화를 설명하기 위해 2004년 즈음에 유명해진 웹 2.0의 프레임워크에 속하며, 이는 사용자 생성 콘텐츠와 상호작용을 지향합니다.

웹 2.0은 웹 1.0(1990년대 개발)을 계승하는데, 이는 텍스트로 정보를 제공하기 위해 HTML에 의존하던 신문, 잡지, 책 등 전통적인 인쇄 매체와 라디오, TV, 영화 등의 정보 제공 수단을 대체한 것으로 이해할 수 있습니다. 이 기간 동안 기업들은 소셜 미디어나 전자상거래 웹

사이트 등 언제든 접속이 차단될 수 있는 2차 플랫폼이 아닌 자사 웹사이트에 콘텐츠를 배포하였고, 상대적으로 웹이 개방되는 효과를 불러왔습니다. 그러나 인터넷에서의 상호작용은 제한적이었습니다. 웹 2.0의 등장은 이후 멀티미디어의 사용과 웹 사용자 간의 협업을 강조하여 사용자의 상호작용을 장려하고 미디어 콘텐츠가 풍부한 온라인 환경을 조성하였습니다. 성공적인 웹 2.0의 애플리케이션의 예로는 페이스북, 레딧, 유튜브 그리고 트위터 등이 있습니다.

인터넷의 다음 발전 단계로서, 웹 3.0은 다시 한 번 판도를 바꿀 것으로 기대됩니다. 인터넷의 자연스러운 진화는 우리가 오늘날 익히 알고 사용하는 중앙에서 소유, 관리 및 규제되는 웹 애플리케이션 대신 블록체인에 연결된 분산 및 P2P(Peer to Peer) 네트워크를 중심으로 모입니다. 웹 3.0은 분산(탈중앙화)을 강조하는 것은 "사용자가 플랫폼이다"라는 생각과 플랫폼은 참여하는 사람들이 집단적으로 지탱한다는 관점에 기반합니다. 따라서 사용자는 플랫폼의 부분 소유자로서 가상자산, 데이터 및 디지털 재산에 대한 주권을 누리게 됩니다. 이러한 인프라의 전환과 사용자 중심 지향은 이미 분산형 금융(DiFi)[01]을 비롯한 새로운 애플리케이션의 개발과 메타버스와 같은 실현되지 않은 아이디어를 발생시키는 것에 영향을 주고 있습니다.

메타버스(Metaverse)의 큰 비전은 다중 디지털기술을 통해 우리의

01 분산형 금융(DiFi: Decenteralized Finance)의 목표는 고객이 신뢰할 수 있는 중개자 또는 중앙 기관 없이 가치 이전을 수행할 수 있는 금융 시스템을 제공하는 것입니다. 자금 및 거래에 대한 통제가 명목상(명목상으로만 가능하지만 실제로는 그렇지 않을 수도 있음) 고객에게 속하는 중앙 집중식 금융과 달리 분산 금융은 이 중앙 집중식 모델을 해체하고 대신 모든 행위자에게 분배합니다. DiFi는 또한 디지털 자산이 프로그래밍 가능하고 블록체인 원장에 기록될 수 있다는 아이디어에 중점을 둡니다. 예를 들면 대출계약, 베팅계약 및 선물계약이 있습니다.

물리적 세계와 연결된 병렬적 디지털 우주를 제공하는 것입니다. 이러한 병렬 가상 환경과 온라인 및 오프라인 융합은 사용자가 선택한 페르소나(persona)인 아바타를 통해 디지털 세계에서 경험하고 소통할 수 있도록 하며 건물, 업무 장소, 여가 장소 및 기타 다양한 환경을 포함한 물리적 현실의 많은 요소를 특징으로 합니다. 이와 같은 다양한 메타버스 세계는 당신이 건물을 짓고, 임대하고, 다른 아바타와 어울릴 수 있는 한정된 땅으로 구성될 것입니다.

메타버스의 궁극적 목표는 실제 현실처럼 보고 느끼며 당신의 아바타가 자유롭게 움직이고, 다른 사람과 교류하고, 3D 환경 안에서도 실제 세계처럼 정보에 접근할 수 있도록 하는 것입니다. 상호작용은 당신 자신의 존재상태와 메타버스에 있는 다른 사람들의 상태 모두에 영향을 미칩니다. 이것은 메타버스가 우리에게 원격으로 일할 수 있는 기회를 제공할 수 있음을 의미합니다. 가상 사무실 환경에 정기적으로 혹은 잠시 들르는 방식으로 접속한다면, 실제 가정에서도 편리하게 가상의 대화식 업무 수행이 가능해집니다.

COVID-19가 발생한 첫 해 동안, 일본 한 회사의 직원 세 명이 '동물의 숲(Animal Crossing)' 게임에서 직원의 섬 중 하나를 가상 회의 장소로 사용하여 원격 근무를 시험했습니다. 비록 게임 내 일부 커뮤니케이션 도구의 결함으로 인해 소셜 오피스 실험은 중단되었지만 3D 가상 장소는 전통적인 2D 호출 방식에 비해 낙관적인 미래가 예견되었습니다.

어떤 비즈니스 및 작업 기회가 앞에 있는지 자세히 알아보기 전에 메타버스의 원래 비전과 기원을 정의하고 이해하는 것이 중요합니다.

현재 메타버스에 관한 정의는 이미 존재하는 것이 아닌 미래에 대한 비전을 수반한다는 점에서 명확하지 않으며 보편적으로 합의된 바가 없습니다. 메타(meta: 초월)와 우주(universe)를 합친 이 용어는 공상과학 소설 작가이자 저널리스트 닐 스티븐슨(Neal Stepheson)에 의해 만들어지고 대중화되었습니다. 스티븐슨은 1992년 그의 사이버펑크 소설 '스노 크래시(*Snow Crash*)'에서 메타버스를 사이버 공간에만 존재하는 것이 아니라 현실세계와 연결된 집단적이고 물리적으로 지속적인 가상 공유 공간이라고 상상했습니다.

윌리엄 깁슨(William Gibson)이 그의 책 '뉴로맨서(*Neuromancer*)'에서 만든 사이버 공간은 모든 전자 매체 내의 집단적인 디지털 정보 공간을 의미합니다. 이 용어는 인터넷이 물리적 법칙이 적용되지 않는 또 다른 차원을 나타냄으로써 온라인 공간을 일상의 현실과 동떨어지거나 구별된 세계로 만든다는 것을 암시하기 위해 사용되어 왔습니다. 한편, '사이버'의 사용은 가상 네트워크나 컴퓨터 네트워크의 동의어를 함축하려고 시도해 왔습니다.

메타버스는 사이버 공간과 달리 물리적 자아나 기업의 연장선상에서 누구나 지속적인 존재감을 가질 수 있는 대규모 가상현실 설정을 설계해 현실과 연결시키는 것을 목표로 합니다. 이것은 참가자들이 도시 광장이나 공원과 같은 물리적 장소, 중세의 성과 같은 상상의 장소, 온라인 공간, 커뮤니티 룸이나 비디오 게임 환경 또는 다른 것을 모두 나타낼 수 있는 가상 공간을 만들어 다른 사람들을 참여하도록 초대할 수 있는 기회를 제공합니다.

메타버스는 또한 인공지능 실체로 가득 찬 모든 현실의 병합일 수 있으며, 2021년 영화 '프리 가이(Free Guy)'에서 묘사된 바와 같이 사람들과 다른 지각이 있는 존재들이 공유 환경에서 소통하고 상호작용하는 것을 가능하게 합니다(인간 플레이어, 롤플레잉 캐릭터, AI 기반 캐릭터들이 하나의 상호작용하는 세계).

그렇지만 결국 우리는 닐 스티븐슨으로부터 메타버스의 모습에 대한 제대로 된 이해가 가능합니다. '스노 크래시'에서 닐 스티븐슨은 시각, 청각, 후각을 포함한 여러 감각적 입력에 기반을 둔 가상현실 환경을 설명하기 위해 '메타버스'라는 용어를 사용합니다. 소설의 주인공 히로(Hiro)는 메타버스에 대해 "그것은 컸고 팽창하는 우주처럼 계속 커진다. 이론적으로 메타버스가 얼마나 클 수 있는지의 한계는 없었다"라고 말합니다.

스노 크래시에서 메타버스는 구형 행성의 둘레 65,536km를 잇는 100m 폭의 단일 도로인 '스트리트(Street)'를 따라 건설된 도시 환경을 구성합니다. 접속하기 위해서는 가상현실 고글과 음향장비 등 물리적 하드웨어가 있어야 하며 이를 통해 1인칭 시점으로 다른 사람을 방문하고 상호작용합니다. 그들은 고글에 고품질의 VR 디스플레이를 투사하는 개인용 컴퓨터나 부스에 설치된 저품질의 공공 컴퓨터를 통해 메타버스에 접속합니다.

방문객들이 로그인하면 아바타가 할당되는데, 아바타는 그들의 신체적인 외모를 그래픽으로 표현한 것입니다(실제 키보다는 더 클 수가 없음). 다만, 공공 컴퓨터에서 로그인하는 방문객들은 흑백으로만 나타날 수 있습니다.

스티븐슨의 소설에서 VR기술의 사용은 대부분 경제적으로 합당한 경우로 제한합니다. 일반적으로 사용자들은 특별한 장비를 무한정 착용할 여유가 없기 때문에 사용을 마친 후에 로그아웃합니다. 한편, 스티븐슨은 메타버스에 지속적으로 연결되기를 선택한 하위 집단의 사람들을 묘사합니다. 이 캐릭터들은 휴대용 컴퓨터 단말기, 고글 그리고 기타 장비들을 착용하고 있으며 소위 '그로테스크'한 외모에 비추어 '가고일(gargoyles)'(역자주: 건축물 등의 지붕에 있는 괴물 조각상)이라는 별명이 붙었습니다.

메타버스에서는 각 세계를 도메인이라고 부르며 각자의 온라인 규약이 있는데, 이는 모든 활동을 감시하는 '스크래그(scrags)'로 알려진 소프트웨어 에이전트에 의해 시행됩니다. 방문객들은 이 규칙들을 어기면 메타버스의 감옥에 보내질 수 있고, 아바타를 잃어버리거나 영원히 그곳에 갇히게 됩니다.

메타버스의 한 지역은 정보수집판매회사 CIC라는 민간 대기업에 의해 유지되며, 이 기업은 평행 인터넷 세계의 컴퓨터 인프라와 가상 토지 대부분을 소유하고 있습니다. 메타버스 속 가상의 토지는 미트스페이스(Meatspace)의 부동산(히로가 현실을 일컫는 말)과 동일한 가치가 있습니다. 이 가상의 토지는 각자의 사유재산권을 유지하고자 월 사용료를 내는 이용자들끼리 사고팔 수 있습니다.

스티븐슨의 메타버스에 묘사된 가상의 도메인과 유사하게, 우리의 메타버스도 페이스북이나 구글이 소유한 하나의 공간으로만 구성되지는 않을 것입니다. 대신 그것은 수없이 상호 연결된 세계로 채워지고 다른 객체들의 집합에 의해 소유될 것입니다. e-커머스, 소셜 또는 게임 기반과 같은 가상세계는 가장 중요한 메타버스를 인수하도록 연결될 것입니다.

게다가 가상세계 기반의 게임을 개발한다는 것은 메타버스에 즉각적으로 참여하는 것을 의미하지 않습니다. 스노 크래시에서와 마찬가지로 메타버스 세계는 사용자 생성 콘텐츠 제작, 영구 재산 소유권, 실시간 상호작용, 자동으로 끊기거나 초기화되지 않는 장면, 다수의 동시 사용자 그리고 소비자 지출과 독립 기업에 의해 주도되는 다면적인 경제를 전부 지원할 수 있는 기술적 역량을 갖춰야 합니다.

복잡한 이론적 경계와 맞물려 진정한 메타버스와 같은 세계의 개발은 이 책의 3장에서 설명한 바와 같이 기술을 포함하여 심각한 도전에 직면해 있습니다. 또 다른 주요 과제는 비기술 위주의 시장 부문에 어필하는 것인데, 특히 가상세계는 주류에게 매력이나 효용성이 거의 없는 괴상한 일시적 유행이라는 평판을 감안할 때 더욱 그렇습니다. 기술 애호가들이 온라인 환경에서는 개인 아바타의 개념을 받아들일 수 있지만, 가상현실은 역사적으로 전통적인 웹 2.0 애플리케이션에 비해 틈새시장이었고 성공적이지 못했습니다.

메타버스에 대해 제기되는 또 다른 두드러진 불만 중 하나는 라이브 음악회에 참석하거나 실제로 유명인을 만나는 것과 같은 물리적 세계에서 경험할 수 있는 것을 완전히 재현하지 못할 것이라는 사실입니다. 이러한 비판은 타당하고 기술에는 한계가 있지만, 먼 도시에서 라이브 콘서트를 경험하거나 좋아하는 아이돌과 직접 교류할 수 없는 오늘날 대다수의 사람들을 간과하고 있습니다. 유명인에게 메타버스는 팬과 팔로워와 소통할 수 있는 편리하고 안전한 공간도 제공합니다.

휴대폰을 통한 의사소통이 사람들이 직접 대면하는 필요성을 완전히 대체하지 못했듯이 메타버스가 실제의 경험과 상호작용을 대체해서는 안 됩니다. 대신, 메타버스는 많은 사람들에게 '차세대 최고의 것'이라고 불릴 수 있는 것으로 지구상의 더 많은 사람들에게 새로운 기회를 분산시키고 분배하는 것을 목표로 합니다.

이러한 방식으로 메타버스는 직접적인 지리적 위치나 경제적 상황으로 인해 소외된 사람들에게 기회의 평행세계를 열어줍니다. 닐 스티븐슨은 '스노 크래시'에서 "당신이 거지소굴 같은 곳에 살아도 항상 메타버스가 있고 메타버스에서 주인공 히로(Hiro)는 전사 왕자입니다"라고 썼습니다. 현실세계에서 주인공 히로는 돈이 없는 친구와 싸구려 창고에서 살았습니다. 마찬가지로 어니스트 클라인(Ernest Cline)의 소설 '레디 플레이어 원(*Ready Player One*)'에서 주인공은 실제 자산이 거의 없었고 버려진 밴을 타고 메타버스에 로그인했습니다.

세 번째 문제는 특히 콘텐츠 조정과 관련하여 메타버스의 상호작용이 어떻게 작동해야 하는지를 파악하는 것입니다. 극단주의자와 위험한 조직을 대상으로 한 가상 이벤트를 주최하거나 인종 차별주의 단체 구성원 간에 폭동을 선동해도 괜찮은가? 연령 제한 콘텐츠가 있는가?

'세컨드라이프(Second Life)'는 13~17세 미성년자도 접속이 가능하지만 볼 수 있는 콘텐츠는 엄격히 제한됩니다. 세컨드라이프 세계는 일반(미성년자용), 보통 및 성인으로 영화와 유사한 독자적인 성숙도 등급이 있는 섹션으로 나뉩니다. 그러나 오늘날 사실상 어른을 위해 기획된 새로운 메타버스에는 콘텐츠, 액션, 애니메이션 및 비즈니스에 대한 제한이 거의 또는 전혀 없습니다.[02]

다음으로 만약 모든 사람이 언제든지 무엇이든 편집할 수 있다면 일관된 경험을 만드는 것이 여전히 가능할 것인가에 관한 문제입니다. 더욱이 게임과 비디오를 포함하여 메타버스의 거의 모든 것이 사용자가 생성한 것이라면, 모든 개체가 대량 배포를 위해 그래픽으로 최적화되지는 않을 것입니다. 세컨드라이프에서는 사용자가 다른 게임에

02 5장에서 소개된 솜니움 스페이스(Somnium Space)는 성인 콘텐츠의 예외적이고 혁신적인 솔루션을 제공합니다.

적절하게 최적화된 동등한 시각적 결과에 필요한 양의 12배에 달하는 컴퓨팅 파워를 소비하는 것이 일반적입니다.

현 시점에서 이러한 문제가 해결 가능한지 여부를 결정하는 유일한 방법은 반복 테스트, 커뮤니티 기반 의사결정 및 거버넌스, 메타버스 표준 및 윤리 이니셔티브, 지속적인 개선입니다.

또한 메타버스 플랫폼의 확산은 가상세계 간의 상호작용을 위한 메타버스 표준의 형성을 초래할 수 있습니다. 이러한 인터페이스는 유동자산 전송, 디지털 지갑 통합, 아바타 이동 및 순간 이동(teleporting), 전자상거래, 환전, 사용자가 3D 화상회의와 인스턴트 또는 음성 채팅 프로그램을 통해 연결할 수 있는 애플리케이션을 포함한 많은 유형의 상호작용을 잠재적으로 지원할 수 있습니다.

2 장

메타버스: 다음 빅씽을 위한 준비

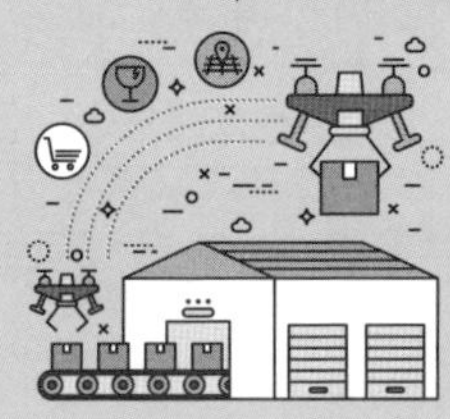

메타버스에서 새로운 나 만들기

2장 메타버스에서 새로운 나 만들기

메타버스가 성장하고 현실화됨에 따라 첫 번째 단계 중 하나는 디지털 ID 또는 페르소나를 생성하고 관리하는 것입니다. 여기에는 물리적 세계에서와 유사한 디지털 세계에서 다른 디지털 세계로 이동할 수 있는 일관된 모양, 이름 및 모바일 자산을 만드는 것이 포함됩니다.

여러 면에서 대부분의 사람들은 이미 인터넷에 존재하는 그림자 페르소나를 가지고 있습니다. 이 그림자 페르소나는 수많은 소셜 미디어 프로필, 구매 및 게임 기록, 사용자 생성 콘텐츠, 커뮤니티 배지, 채팅 로그, 카르마 및 게임 내 자산을 포함하여 웹 전체에 저장된 메타데이터 부스러기로 구성됩니다. 그러나 이 정보는 기술적으로 페이스북(Facebook) 및 아마존(Amazon)과 같은 회사에서 소유 및 제어하며 많은 중앙 집중식 플랫폼에 분산되어 있습니다.

메타버스의 약속 중 일부는 디지털 자산의 영구 소유권(블록체인 및

NFT에 대해 4장에서 논의됨)을 통해 디지털 자아에 대한 소유권과 주권을 되찾고 온라인 상호작용 및 메타데이터 기록을 단일하고 유동적인 디지털 ID로 통합하는 것입니다. 조각난 그림자 온라인 존재에서 디지털 아바타[01]로의 전환에는 가명, 디지털 의류 및 액세서리, 디지털 세계에서 특정 성격을 전달하고 물리적 자아를 구현하는 외모가 포함됩니다.

게임 및 가상세계에서 디지털 아바타라는 용어는 사람을 그래픽으로 표현하는 동시에 표현하려는 사람의 특성을 구현하는 것으로 설명할 수 있습니다. 아바타의 그래픽 속성은 다른 사람들이 당신이 어떻게 행동하기를 기대하고 그들이 당신을 가상으로 아는지를 나타내는 지표를 제공하기 때문에 중요합니다. 디지털 방식으로 무엇을 입는지에 대한 아이디어도 귀하의 정체성을 다시 반영하므로 중요한 결정이 될 것입니다. 예를 들어, 실생활에서 누군가가 양복을 입고 있는 것을 볼 때 우리는 그들이 특정한 방식으로 행동하고 말하길 기대합니다. 우리는 둘 다 같은 사람임에도 불구하고 캐주얼하게 후드티를 입은 사람에 대해서는 이런 식으로 생각하지 않습니다. 우리는 시각적 단서에 따라 다른 기대치를 가지고 있습니다.

디지털 세계에서 우리가 입거나 보이는 것은 사람들이 일반적으로 특정 특성을 연관시키는 방식에 따라 가상세계와 물리적 세계 모두에서 행동하는 방식에 영향을 미치는 것으로 밝혀졌습니다. 2009년 닉 예(Nick Yee)와 제레미 베일렌슨(Jeremy Bailensen)의 스탠퍼드 대학

01 아바타(avatar)라는 용어의 초기 사용은 힌두교 문헌에서 신이 땅에 내려왔을 때 신의 물리적 발현을 설명하는 데 사용되었습니다.

(Stanford University) 연구 프로젝트[02]는 가상세계에서 개인 아바타의 특성이 사회적 행동에 영향을 미치는 현상을 설명하는 프로테우스효과(The Proteus Effect)[03]를 발견했습니다. 예를 들어, 연구자들은 몰입형 가상 환경에서 더 매력적인 아바타를 가진 참가자가 자기 공개와 관련하여 더 친밀하고 반대 성별의 낯선 사람에게 더 기꺼이 다가가는 것을 발견했습니다(아바타가 할당된 후 1분 이내에). 또 다른 실험에서 그들은 키가 큰 아바타를 가진 참가자가 작은 아바타를 가진 참가자보다 협상 작업에서 더 자신 있게 행동하고 불공정한 분할을 더 기꺼이 한다는 것을 발견했습니다. 반면, 작은 아바타를 가진 참가자는 상대적으로 불공정한 제안을 수락할 의향이 더 많았습니다. 베일렌슨(Bailensen)의 다른 연구에 따르면 가상세계에서 얻은 자신감이 현실세계에서 사람들이 어떻게 행동하는지에도 영향을 미칠 수 있습니다. 그러나 이것은 가상세계에서의 부정적인 경험(사이버 왕따, 게임에서의 패배 또는 중복 포함)이 현실세계에서 개인의 자존감에 영향을 미칠 것인지에 대한 질문을 제기합니다.

아바타를 통해 생활하는 또 다른 측면은 온라인에서 새로운 정체성과 페르소나를 샘플링할 수 있는 능력입니다. 오프라인 페르소나와는 다르지만 사회적 영향에 대한 두려움이 덜하고 실제 모습에 더 진짜이고 진실할 수 있습니다. 따라서 일부 아바타 특성은 외향적인 여성으

02 Nick Yee & Jeremy Bailenson, The Proteus Effect: The Effect of Transformed Self-Representation on Behavior, Stanford University, 2009.

03 형용사 protean은 다재다능하거나 변이할 수 있는 것을 의미하며, 그리스 신 Proteus의 모양을 바꾸는 능력의 이름을 따서 명명되었습니다(역자주: 심리학에서 프로테우스효과(Proteus effect)란 현실에서 개인에게 주어지는 아바타의 특성에 따라 개인의 행동이 달라진다는 현상을 말합니다. 이를테면 키가 작은 사람이 키 큰 아바타를 받으면 현실의 키 큰 사람이 보여주는 자신감을 갖고 행동한다는 것입니다).

로 상호작용하는 내성적인 남자와 같이 실제 사람의 성격 및 외모와 크게 다를 수 있습니다.

균형을 이루면서 대부분의 사람들은 피부색과 성별과 같은 일반적인 특성을 반영하지만 미적 외모는 분명히 개선된 아바타를 선택할 것입니다. 특히 일부 세계는 마인크래프트(Minecraft)와 같은 복셀(Voxel) 기반, 세컨드라이프(Second Life)와 같은 그래픽 기반 또는 마이크로소프트 플라이트 시뮬레이터(Microsoft Flight Simulator)와 유사한 실제 세계의 3D 스캔이기 때문에 아바타도 플랫폼마다 변경될 것입니다. 3D 스캐닝 및 모델링 기술 분야에서 흥미로운 프로젝트 중 하나는 메타히어로(MetaHero)로, 이를 통해 자신을 매우 사실적으로 스캔하여 다른 메타버스 세계로 이동할 수 있습니다.

패션 측면에서 사용자는 이미 디지털 운동화(신발) 또는 스킨(아바타 모양을 수정하는 그래픽 또는 오디오 다운로드)과 같은 웨어러블을 만들고 착용하여 정교한 가상 경제의 일부로 거래할 수 있습니다.

메타버스에서 삶을 구축하는 또 다른 매력적인 부분은 가명을 중심으로 정체성을 구축하는 것입니다. 실명과 별개로 가명은 가명으로 콘텐츠를 게시하는 수백만 명의 소셜 미디어 사용자를 포함하여 디지털 세계에 존재하는 검색 불가능한 신원입니다. 한편, 실명은 정부, 조직, 개인까지 글로벌 데이터베이스에서 검색할 수 있는 글로벌 식별자 역할을 하는 주 이름 또는 사회 보장 이름입니다. '국가처럼 보기(*Seeing Like a State*)'라는 책에서 저자인 제임스 C. 스콧(James C. Scott)은 역사적으로 많은 지역의 정부가 조세, 징병을 용이하게 하고, 사람들을 더 쉽게 찾을 수 있게 함으로써 반란을 방지하기 위해 영구적인 성(last name)을 장려했다고 설명합니다.

가명성(pseudonymity)은 웹사이트 4chan(역자주: 영어권 이미지 보드 웹사이트)에서 실행되는 완전히 일회용 식별자인 익명성과도 다릅니다. 이 사이트에는 등록 및 로그인 프로세스가 없습니다. 즉 게시물은 일반적으로 기본 사용자 이름 '익명'으로 기고합니다.

따라서 가명성은 실명 식별자와 완전한 익명성 사이의 균형을 제공합니다. 가명은 집 주소, 신분증 및 고용주와 쉽게 연결될 수 없기 때문에 온라인에서 자신의 신원을 보호하지만, 본질적으로 여전히 영구적이므로 시간이 지남에 따라 명성과 관계를 축적할 수 있습니다. 사실 실명보다 가명이 더 유명해질 수도 있습니다. 이렇게 하면 진짜 신분을 공유하지 않고 유명인 신분의 혜택을 누리고 가족과 이웃에게 부정적인 영향을 미칠 수 있습니다. 가상 유명인과 인플루언서는 실제 세계에서 자신이 어디에 살고 있는지 알고 있는 팬, 미디어 및 말썽꾼 이미지의 부담을 피하고 스포트라이트에서 한발 물러나거나 물러날 공간을 제공합니다.

아바타를 나타내고 디지털 특성의 고유한 새 이름을 만든 후에는 실제 신원을 공개하지 않고도 디지털 소득을 얻고 해당 이름으로 자산을 획득할 수 있습니다. 이 디지털 보증은 인종, 연령 또는 외모에 관계없이 사람들에게 고용 기회를 제공하지만 많은 도전 과제도 내포하고 있습니다.

디지털 가명은 과거에 크게 용인되었고 인터넷 발전에 중요한 역할을 해왔지만, 이 협약은 미래에 규범 및 규정과 충돌할 가능성이 있습니다. 예를 들어, 정부는 소득과 자산의 소유권을 보호하는 것과 관련하여 특히 디지털 경제가 확대되고 광범위한 주류 경제와 상호작용함에 따라 투명성 강화를 강제화할 필요가 있습니다.

정부만이 투명성 강화를 위해 로비하는 것이 아닙니다. 고용주는 직원들이 메타버스에서 무엇을 하고 있는지 알고 싶어 할 것입니다. COVID-19의 여파로 전 세계적으로 더 많은 직원이 원격으로 일하고 있으며, 이는 고용주의 소프트웨어, 지적 재산 및 근무시간을 활용하여 비밀리에 2차 소득을 얻을 수 있는 충분한 기회를 제공합니다. 이러한 약정은 직원의 고용계약 위반일 뿐만 아니라 2차 소득을 구분하는 조세법에 위배되는 것입니다.

결과적으로 새로운 인터넷 시대에는 직원들의 조직(수입을 지불하는 조직)에 대한 충성도가 줄어들 가능성이 높습니다. 한편, 정부는 시민들이 과세 목적으로 소득 정보를 자발적으로 신고하도록 장려하기 위해 다중 소득에 세금을 부과하는 방법을 재고해야 합니다.

개인의 경우 가명 관리와 관련하여 완전히 별개의 문제가 있습니다. 각 가상 플랫폼은 자체 사용자 등록 시스템을 운영하기 때문에 여러 플랫폼에서 일관된 이름을 지정하고 더 큰 메타버스 내에서 영구적인 정체성을 확립하기가 어렵습니다.

한 플랫폼에서 사용자 이름을 사용할 수 있지만 다른 플랫폼에서 동일한 사용자 이름이 요구될 수 있습니다. 또한 여러 플랫폼에서 귀중한 사용자 이름을 빠르게 요청하더라도 다른 사람이 당신의 사용자 이름 이용을 주장하며 대가를 요구하거나 당신이 제어할 수 없는 행동으로 디지털 명성을 위태롭게 할 경우를 대비하여 새로운 플랫폼을 계속 주시해야 합니다.

3장

메타버스: 다음 빅씽을 위한 준비

메타버스 파워

3장 메타버스 파워

파괴적 기술과 높은 연산량 사이의 관계는 본질적으로 공생하는 경향이 있습니다. 특히 인공지능(AI), 가상현실(VR), 증강현실(AR) 및 블록체인(blockchain)은 메타버스의 핵심기술입니다. 특히 가상세계는 인공 환경을 생성 및 운영하고 GPU 칩 및 컴퓨터 서버에서 과도한 양의 컴퓨팅 성능을 소비하기 위해 엔터프라이즈 하드웨어가 필요합니다.

이러한 모든 선행비용은 특히 비즈니스 측면에서 합산됩니다. 전통적으로 가상세계 게임은 프로젝트가 현실이 되기까지 프로젝트를 재정적으로 뒷받침할 수 있을 만큼 미래에 대해 충분히 믿고 주머니가 넉넉한 투자자가 필요했습니다. 예를 들어, 세컨드라이프(Second Life)는 비공개 베타 테스트 프로그램을 시작하기 전에 6,000만 달러 이상이 필요했습니다.

AAA 게임(개발과 마케팅에 막대한 예산이 투입된 주요 퍼블리셔가 개발한 비디오 게임 용어)을 개발하고 출시하는 데 드는 비용은 평균적으로 150~250명으로 구성된 팀을 포함해 6,000만~8,000만 달러, 개발 기간은 2~3년 사이입니다.

그러나 유니티(Unity) 및 언리얼 엔진(Unreal Engine)을 포함한 새로운 하드웨어 및 게임 엔진 소프트웨어의 출시로 비용과 출시시간 모두 빠르게 감소하고 있습니다. 이 소프트웨어는 실제 물리적 공간을 기반으로 고품질 3D 세계 또는 디지털 트윈을 생성하는 데 사용할 수 있습니다. 예를 들어, 마이크로소프트 플라이트 시뮬레이터(Microsoft Flight Simulator)는 2조 개 이상의 개별적으로 렌더링된 나무, 15억 개의 건물, 거의 모든 전 세계의 도로, 언덕 꼭대기, 도시 및 공항으로 구성됩니다. 이 쌍둥이 세계는 실제 스캔 덕분에 가능했습니다. 마이크로소프트(Microsoft)는 사진 스캔기술을 처음부터 구축하지 않고 실제 세계를 효과적으로 복제할 수 있습니다.

한편, 에픽 게임즈 퀵셀(Epic Games Quixel) 카메라는 픽셀 단위로 정밀한 삼각형의 수천억으로 구성된 환경 메가스캔(MegaScan)을 생성할 수 있습니다. 또는 20,000달러의 투자를 위해 레이카(Leica)라는 회사는 집, 쇼핑몰, 건물 및 기타 장소 전체의 세부 사항을 완벽하게 정밀하게 캡처하도록 설계된 사진 측량 카메라를 제공합니다. 요약하면 이러한 독점 제품은 영화, 게임 및 메타버스 세계를 포함한 가상 장면을 더 쉽고 저렴하게 제작하는 동시에 디자인 오버헤드를 크게 줄입니다.

가상세계를 설계한 후 다음 과제는 VR 헤드셋, 스마트폰, 스마트워치, 고정식 자전거 및 햅틱 장갑과 같은 기타 장치 형태의 소비자 대면 하드웨어를 동기화하는 데 필요한 고대역폭 및 짧은 대기시간을 보장하는 것입니다. 한 장소에서 다른 장소로 전송하는 데 필요한 시간을 줄이는 저지연 네트워크는 메타버스 내부의 얼굴 움직임과 물리적 움직임을 동기화하는 데 필수적입니다. 이를 위해서는 전 세계에 걸쳐 고대역폭 및 저지연 인터넷 서비스가 필요하며 스페이스엑스(SpaceX)의 스타링크(Starlink) 위성과 다른 기업들이 문제를 해결하기 위해 노력 중입니다. 그러나 위성 인터넷이 대기시간 문제를 해결하는 효과적인 방법인지 여부는 여전히 불분명합니다. 데이터가 이동할 물리적 거리가 있으므로 일반적으로 물리적 케이블을 통해 데이터를 보내는 것이 더 빠릅니다. 데이터를 우주로 보낸 다음 다시 지구로 보내는 것과 비교하여 대기시간이 길어집니다.

또 다른 과제는 원활한 가상현실 및 증강현실 환경을 제공하는 소비자 측에서 발생합니다. 그러나 가상현실과 증강·확장현실을 구동하는 인프라 문제에 대해 논의하기 전에 먼저 이 두 기술의 차이점을 살펴보겠습니다.

두 기술의 차이점은 기술과 의도 중 하나입니다. 가상현실(VR)을 사용하면 사람이 고글이 달린 헤드셋과 이어폰을 착용하여 잘못된 환경에 완전히 몰입하게 됩니다. 한편, 증강현실(AR)은 구글 글래스(Google Glass)와 같은 세상에 대한 우리의 일상적인 인식에 정보를 오버레이(역자주: 하나의 영상에 다른 영상을 겹치는 기법)하는 것을 포함합니다. 둘 다 고급 HMD(Head Mounted Display, 머리 장착 디스플레이)를 사용하지만 VR과 달리 AR 장치를 사용하는 동안 주변의 자연광을 차단하는 물리적 장애물이 없습니다.

어떤 사람들은 HMD의 사용이 고립적이거나 반사회적이라고 비판합니다. 일부 연구에 따르면 공공 장소에서 HMD를 착용하는 사용자는 HMD를 착용하지 않은 사용자보다 덜 매력적으로 간주됩니다. 그러나 이러한 비판이 HMD에만 있는 것은 아니라는 점에 유의해야 합니다. 고글, 돋보기 등 대부분의 안경 유형은 자연스럽게 사람들이 다르게 보이게 만듭니다.

단기적으로는 포켓몬고(Pokémon Go)가 보여준 것처럼 증강현실이 가상현실보다 더 널리 보급될 것으로 예상할 수 있습니다. 이는 부분적으로 증강현실(AR)의 더 가벼운 상호작용 방식(스마트폰을 통해 평가할 수 있고 큰 이어폰이 필요하지 않음)과 오늘날 스마트폰이나 태블릿에서 볼 수 있는 게임뿐만 아니라 모든 유형의 애플리케이션에 사용할 수 있다는 사실 때문입니다.

구글 글래스(Google Glass)의 첫 번째 소비자 버전은 2013년에 제한된 '익스플로러 에디션(Explorer Edition)'의 형태로 출시되었습니다. 다른 회사들도 스마트아이글래스(SmartEyeglass)를 개발한 소니(Sony)와 같은 AR 안경 개발을 따랐습니다.

이러한 장치는 초기 기대에 부응하지 못했지만 우리는 정보화 시대에서 기술이 점차 일상생활에 통합되는 완전한 몰입형 시대로 이동하고 있습니다. 여기에는 구글 글래스(Google Glass)와 같은 AR 헤드셋과 오큘러스 리프트(Oculus Rift)와 같은 VR 헤드셋이 모두 포함됩니다. 가상현실과 증강현실의 전망은 흥미진진합니다. 우리가 정보에 액세스하고 온라인에서 콘텐츠와 상호작용하는 방식을 완전히 혁신할 잠재력이 있기 때문입니다. 헤드셋 및 모션 트래커(motion trackers)와 같은 특수 장비가 점차 저렴해지고 소형화됨에 따라 부정적인 인식도 바뀌기 시작할 것입니다.

증강현실이 직면한 또 다른 과제는 가상현실과 달리 AR이 합성 이미지를 생성하기 위해 정확한 카메라 입력이 필요하다는 것입니다. 즉 AR이 작동하려면 광원이 있어야 하며(예: 가로등의 빛 또는 햇빛) 이러한 물체에 의해 드리워진 그림자도 장치를 통해 보이는 것을 정확하게 반영해야 합니다. 이는 실시간 카메라 입력 대신 투사된 이미지를 사용할 수 있는 VR기술을 사용할 때 문제가 되지 않습니다.

다른 중요한 속성 중 하나는 원격 프레즌스 기술(remote presence technology, 역자주: 원격으로 마치 같은 공간에 있는 것처럼 보이게 하는 기술)입니다. 이는 오늘날 파노라마 시각 디스플레이와 함께 카메라와 마이크를 사용하여 구현할 수 있는 매우 현실적인 형태의 화상회의입니다. 이 기술을 사용하는 가상세계는 초기 머드(MUD: Multi-User Dungeons)부터 '더 렐름 온라인(The Realm Online)'과 같은 그래픽 게임 그리고 '월드 오브 워크래프트(World of Warcraft)'와 같은 현재의 MMORPG(대규모 다중 사용자 온라인 롤플레잉 게임)에 이르기까지 수십 년 동안 다양한 형태로 존재해 왔습니다. 그러나 개방형 메타버스를 막는 가장 큰 장애물은 표준 인터페이스가 없다는 것입니다.

현재 대부분의 가상 환경은 독점 시스템으로 개발되어 그 사이를 이동하는 사용자가 다른 유형의 세계로 자신의 존재를 전달할 때마다 새로운 인터페이스를 배워야 합니다. 따라서 이 아이디어를 주류로 사용하려면 회사 또는 조직에서 오픈 소스 시스템 또는 표준 본체를 만들어야 합니다.

표준 인터페이스를 마련하더라도 한 가지 문제는 변화에 대한 사람들의 자연스러운 저항이 있다는 점을 유의하는 것이 중요합니다. 사용자는 오래된 표준을 기반으로 하거나 시간이 지남에 따라 그곳에서 많은 친구를 구축했기 때문에 다양한 이유로 이미 가지고 있는 가상세계를 포기하고 싶지 않을 수 있습니다. 우리는 이미 소셜 상호작용을 위한 최신 온라인 도구로 대체되었음에도 불구하고 열성적인 팔로워를 보유하고 있는 IRC(Internet Relay Chat) 채팅과 같은 채팅 도구에서 이러한 상황을 볼 수 있습니다.

이 문제를 해결할 수 있는 한 가지 방법은 두 가지 유형의 세계를 동시에 유지하고 사용자가 선택할 수 있도록 하는 것입니다. 현재 세컨드라이프(Second Life)에서 사용자가 이전 린든 랩(Linden Lab) 그리드 또는 '오픈심(OpenSim)'으로 알려진 새로운 오픈 소스 그리드에 로그인할 수 있는 것과 유사합니다. 현재 이 아이디어를 추구하는 프로젝트는 거의 없지만 실제로 적용된다면 전환 문제를 해결하는 데 도움이 될 수 있는 흥미로운 아이디어입니다.

사용자가 모든 메타버스 세계에서 자신의 디지털 자산과 기록에 액세스할 수 있는 능력은 사용자 채택과 활기찬 가상 환경의 장기적인 성공에 있어서도 매우 중요합니다. 전통적인 게임에서는 사용자들이 보상, 글로벌 랭킹, 기타 자산을 한 게임에 축적하지만 새로운 게임에 들어가기로 결정하자마자 제로상태에서 시작합니다. 하지만 메타버스와 같은 개방적인 생태계에서, 어린이들이 테마파크의 경계 밖에 있는 디즈니랜드에서 구입한 상품을 입는 것을 좋아하는 것처럼, 사용자들의 업적, 배지, 스킨, 대체불가능토큰(NFT: Non-Fungible Token) 및 기타 자산은 다른 세상으로 옮겨질 수 있습니다.

널리 논의되지는 않지만 가상세계와 게임 간의 상호 운용성을 허용하는 것은 기회 균등화와 현실 경제성에 심각한 영향을 미칠 수 있습니다. 각 가상 공간이 자체적인 로컬 커뮤니티로 작동하기 때문에 '내부'는 네이티브 사용자로서 해당 세계에서 자신이 벌어야 하는 자산을 미리 갖춘 '외부'를 좋아하지 않을 수 있습니다. 외부 방문객이 가상자산을 가져오도록 허용하면 실제 세계에서 관광객, 외국인 및 이민자에게 보내는 분노와 같은 유형의 가상세계가 형성될 수 있습니다. 이로 인해 가상세계 커뮤니티는 신규 진입자를 위한 규칙을 제정하고 설정해야 할 수도 있으며, 이는 가상 여권, 가상 수입세, 심지어 현실세계와 유사한 가상 국경 통제를 초래할 수도 있습니다.

이러한 유형의 상호 운용성을 구현하는 것도 허가 및 기술 측면에서 힘든 싸움입니다. 인프라 측면에서 정보 공유는 서로 다른 공급자와 시스템 간에 반복 가능하고 이해할 수 있는 방식으로 이루어져야 합니다. 이것이 실행하기 쉽지는 않지만 에픽 게임즈(Epic Games)는 게임 세계에서 고무적인 선례를 제공합니다.

에픽 게임즈에서 개발한 포트나이트(Fortnite)의 성공 중 일부는 장치와 운영체제 간에 호환이 가능하여 전통적인 반경쟁 관행을 극복하기 위한 투쟁에서 비롯되었습니다. 사용자 경험을 하나의 콘솔 버전으로 고정하는 대신 게임을 여러 콘솔에서 원활하게 플레이할 수 있습니다. 이 상호 운용 가능한 모델은 플레이어가 플레이스테이션(PlayStation), 닌텐도(Nintendo) 및 마이크로소프트(Microsoft)와 같은 게임의 다양한 버전에서 축적된 디지털 자산, 순위 및 평판에 액세스할 수 있음을 의미하며, 이는 더 많은 사용자와 엄청난 글로벌 관심을 불러일으키는 데 도움이 되었습니다.

다음으로 권한 측면에서 페이스북(Facebook) 호라이즌 월드(Horizon Worlds) 또는 포토나이트(Fortnite)와 같은 중앙 집중식 프로젝트를 포함한 개별 세계는 메타버스에서 다른 가상세계와 기꺼이 협력하고 게임 및 엔터테인먼트산업에서 기존 사용 사례가 거의 없는 상호 운용성을 승인해야 합니다(게임 개발자와 디즈니(Disney) 및 레고(Lego)와 같은 외부 브랜드 간의 값비싼 라이선스 계약을 제외하고). 분산된 플랫폼 간에도 자산, 스킨, NFT 및 게임 내 통화를 한 플랫폼에서 다른 플랫폼으로 전송하는 것은 현재 번거롭거나 불가능합니다.

그러나 언급했듯이 사용자는 여전히 한 곳에서 자신이 소유한 모든 것에 액세스하기를 원할 것입니다. 이러한 장벽을 극복하기 위해 벤처 캐피털 투자자인 매튜 볼(Matthew Balls)은 모든 플랫폼을 직접 연결해야 하는 필요성을 극복할 지갑 또는 보관함 형태의 온레이어(on-layer) 메타버스 서비스를 추가로 제안합니다. 각 플랫폼은 특정 지갑 또는 스토리지 서비스와의 호환성을 보장하면 됩니다.

디스코드(Discord, 인스턴트 메시징 및 커뮤니케이션 플랫폼)를 포함한 소셜 채널과 2차 마켓플레이스도 역할을 할 것으로 예상됩니다. 예를 들어, 디스코드는 포트나이트 및 리그 오브 레전드(League of Legends)와 같은 인기 게임을 스트리밍하기 위한 제한된 통신 도구 문제를 해결한 후 사용자수가 2억 5,000만 명 이상으로 성장했습니다. 소셜 커뮤니케이션 계층인 디스코드는 개방형 환경에서 다양한 게임 프랜차이즈와의 상호 연결을 포함합니다. 오픈씨(OpenSea, 블록체인에서 가상자산을 사고파는 P2P 시장)와 같은 2차 시장은 외부 소유권 계층의 일부로 자산을 전송하기 위해 다양한 분산세계와 통합됩니다. 사용자는 일반적으로 한 세계에서 다른 세계로 네이티브 에셋(native assets)을 전송할 수 없지만 오픈씨를 사용하여 한 세계에서 다른 세계로 디지털 아트워크와 같은 논-네이티브(non-native) NFT(한 특정 세계에 속하지 않음)를 가져올 수 있습니다.

상호 운용성 영역의 또 다른 부분 솔루션은 여러 플랫폼에서 사용할 수 있는 다목적 NFT(대체불가능토큰)를 제공하는 메타키(Metakey) 프로젝트입니다. 이 토큰을 구매한 사용자는 이 토큰을 특수 키로 사용하여 아바타로 변신하고, 게임 아이템과 다른 세계의 독점 게임 특전을 주장하고, 메타카데미(Metakademy)라는 비디오 코스 데이터베이스의 학습 리소스에 액세스하고, 가상 토지 및 이벤트에 액세스하고, 할인을 활성화할 수 있습니다.

가상세계 전반에 걸친 상호 운용성의 장벽을 넘어 AR과 VR의 역사를 통해 많은 비난을 받아온 기술 채택이라는 과제도 있습니다. 사실, 많은 분산화된 세계는 이러한 기술 중 어느 것도 사용하지 않고 여전히 전통적인 2D 웹 브라우저 인터페이스를 통해 액세스할 수 있습니다. 최근 대체불가능토큰, 암호화폐, 가상 토지 등 가상 소유권 혁신에 AR이나 VR을 추가하면 채택 장벽이 높아지고 얼리어답터 수가 제한됩니다. 요약하자면 사용자들이 가상세계를 탐험하기 위해 VR 또는 AR기술을 채택하도록 요구함으로써 크리에이터들은 사용자들이 가상 소유권과 가상 토지에 대한 아이디어를 채택할 뿐만 아니라 VR 또는 AR 형태의 비주류기술에 투자하도록 요구하고 있습니다.

실제로 이미 가상세계의 설립자들에 의해 간접적으로 경쟁하는 대리 경쟁이 진행 중입니다. 이 분열은 메타버스가 '로파이(lo-fi)'여야 하는지 '하이파이(hi-fi)'여야 하는지에 대한 기술적 · 철학적 질문으로 요약됩니다.

아웃라이어 벤처스(Outlier Ventures)의 제이미 버크(Jamie Burke)는 하이파이를 솜니움 스페이스(Somnium Space)와 같은 소프트웨어

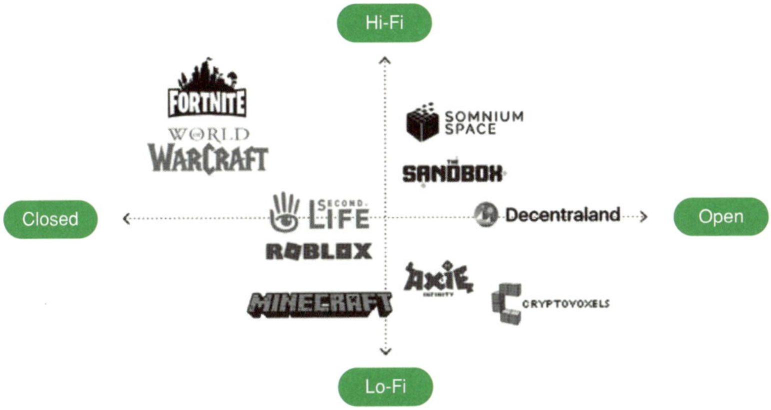

가상세계 사분면: James Burke, "The Open Metaverse OS_," Outlier Ventures.

및 하드웨어를 통해 경험의 기술적 경계를 의도적으로 확장하는 프로젝트라고 설명합니다. 한편, 로파이는 크립토복셀(Cryptovoxels)과 같은 범용 접근성을 위해 가능한 가장 낮은 장치 및 대역폭 요구 사항을 위해 설계하는 프로젝트를 설명합니다. 디센트럴랜드(Decentraland) 및 세컨드라이프(Second Life)와 같은 다른 프로젝트는 하이파이 및 로파이 전선에 걸쳐 있으며 소유권 및 거버넌스 측면에서 '개방형' 또는 '폐쇄형'인 다른 주요 축에서 벗어납니다.

4 장

메타버스: 다음 빅씽을 위한 준비

가상 경제 소개

4장 가상 경제 소개

역사상 거의 모든 주요 시장에서 일찍 시작하는 것은 믿을 수 없을 정도로 비교할 수 없는 기회였습니다. 초기 거래와 신흥 비즈니스 모델을 보다 저렴한 비용으로 활용할 수 있을 뿐만 아니라 시장이 성숙해짐에 따라 미래의 기회에 대비하고 충분한 리소스를 확보할 수 있습니다(유일한 단점은 새로운 시장이 번창해야 한다는 것입니다!).

일과 여가를 위한 현실의 대안적 버전을 구축하는 데 있어 메타버스의 기회와 잠재력은 실로 무한합니다. 아마도 혁신의 가장 큰 경계는 자신이 가진 창의성과 상상력의 깊이를 어디까지 파헤칠 수 있느냐가 아닐까 싶습니다.

기업들에게 메타버스는 많은 확실한 기회를 제공할 것입니다. 여기에는 풍부하고 매력적인 환경에서 제품과 서비스에 대한 추가 정보를 고객에게 제공하거나 독특하고 기억에 남는 캠페인을 만들어 보다 효과적으로 소통하고 인지도를 높일 수 있는 기능이 포함됩니다. 가상 쇼핑몰을 돌아다니고 세계적으로 유명한 나이키 로고 대신 실제 매장 앞이 바로 안에 있는, 올라가서 뛰어들 수 있는 거대한 신발을 본다고 상상해 보기 바랍니다. 이것은 메타버스가 어떻게 회사들에게 그들의 소비자와 함께 참여할 수 있는 새로운 기회를 주기 위해 마케팅 캠페인에 사용될 수 있는지를 보여주는 하나의 예에 불과합니다.

메타버스의 미래 기회와 비즈니스 모델을 더 자세히 이해하려면 먼저 가상 경제(virtual economy)가 작동하는 기본 원칙을 검토해야 합니다. 가상 경제는 온라인 게임과 같은 가상 공간 내에서 참여자가 상품과 서비스를 서로에게 판매하여 돈을 버는 미시 경제를 의미합니다.

각 참가자는 모든 사람이 공정하게 혜택을 받을 수 있도록 가상 경제의 규칙을 준수하는 데 동의합니다. 참가자들이 일반적으로 동의하는 측면은 다음과 같습니다. 소유 및 판매 가능한 항목, 구매 가능한 항목 및 그 양, 이러한 상품 및 서비스가 거래되는 조건(예: 자유무역 또는 선착순과 같은 제한), 모든 거래 또는 일부 거래에 대한 세금 징수 여부입니다. 경제 내 비즈니스 모델은 일반적으로 거주자가 가상자산을 소유하거나 수입을 받는 온라인 게임에서 작업을 수행한다는 사실을 기반으로 합니다.

가장 인정받는 가상 경제 중 하나는 거주자가 토지를 구입하여 자신의 비즈니스 건물이나 아파트를 건설하고 다른 거주자에게 임대할 수 있는 세컨드라이프(Second Life)입니다. 물리적 자산이 없는 게임 월드Z(WorldZ)에서 거주자는 에이전트를 고용하려는 회사에서 제공한 작업을 완료하여 대신 돈을 벌고 엔트로피아 유니버스(Entropia Universe)에서 플레이어들은 가상 리소스를 채굴하여 게임 개발자에게 현금으로 판매합니다.

가상 경제에서 화폐의 총액은 일반적으로 두 가지 원천에서 도출됩니다. 구매자와 판매자가 매 거래 시에 지불하는 거래 수수료와 상품이나 용역을 판매하여 얻는 이익, 토지나 자원의 소유와 같은 다른 활동을 통해 얻는 이익입니다. 예를 들어 세컨드라이프는 주민 간 모든 거래에 대해 10%의 수수료를 징수하지만 여기에는 아파트 임대료가 포함되지 않아 무료입니다. 따라서 총거래의 95%가 세금 없이 이루어지지만(연간 1억 달러) 세컨드라이프는 2004년 출시 이후 2억 달러 이상을 벌어들였습니다. 수익은 토지소유자가 얻은 임대소득, 게임 내 대출이자, 주민이 만든 상품 판매 등 자체 원천도 있습니다.

가상 경제의 일부

가상 경제 환경에서 돈이 어떻게 순환하는지 더 잘 이해하기 위해 이제 다양한 가치 요소를 살펴보겠습니다.

화폐

기업과 소비자를 연결하는 연결 조직으로서 화폐는 실제 세계와 마찬가지로 가상 경제에서도 필수적인 교환 매개체 역할을 합니다.

가상 경제에서 화폐는 사용자가 가상 상품과 서비스를 구매하거나 판매할 때 교환되며, 여기에는 소액 거래 수수료도 포함될 수 있습니다. 예를 들어, 세컨드라이프에서는 거래가 린든 달러(Linden Dollar)

를 사용하여 이루어진다면, 각 거래의 비율에 대한 요금이 부과됩니다. 이는 세컨드라이프가 화폐를 창조하고 가치를 유지하며 인플레이션을 막기 위해 공급을 조절한 데서 비롯됩니다.

흥미롭게도 가상 게임과 플랫폼은 자체적으로 가상화폐를 고안한 역사가 있습니다. 스페이스(Space)를 배경으로 하는 가상세계의 경우 새로운 화폐를 발행하는 것이 타당하지만 그랜드 테프트 오토(Grand Theft Auto)와 같은 현실세계를 배경으로 하는 게임들도 자신만의 고유한 화폐를 통합하는 것을 선호합니다.

이러한 유산의 일부는 게임 내 거래를 장려하는 것입니다. 플레이어들은 실제 화폐를 구매하기 위해 사용되었음에도 불구하고 인위적인 화폐를 실제 화폐만큼 높게 평가하지 않고 자금이 실제 세계나 다른 게임에서 인출되거나 사용되지 않도록 게임에 고정시키는 경향이 있기 때문입니다.

포트나이트(Fortnite)나 로블록스(Roblox) 같은 게임 플랫폼의 중앙집권적 통화 사용, 솜니움 스페이스(Somnium Space)나 더 샌드박스(The Sandbox) 같은 탈중앙화된 세계에서 암호화폐가 사용되는 것을 보면 메타버스에서 미국 달러와 중국 위안화를 비롯한 전통 화폐가 교환의 매개체로 쓰이지는 않을 것으로 보입니다. 특히 암호화폐가 빠르게 도입되고 있는 점을 감안하면 더욱 그렇습니다.

암호화폐는 암호화폐를 이용해 거래처를 확보하고 추가 단위 생성을 통제하기 위해 거래 매체로 작동하도록 설계된 디지털 자산으로 정의할 수 있습니다. 다만 메타버스에 사용되는 암호화폐는 비트코인 등 주로 가치와 투자의 저장고로 사용되는 다른 암호화폐와는 용도가 다소 다릅니다.

메타버스에서 암호화폐의 주요 역할은 상거래를 촉진하고 특정 세계(자산, 스킨, 텍스처 등) 내에서 사용자가 만든 콘텐츠를 안정적으로 만드는 것입니다. 각국이(많은 유럽 국가를 제외하고) 자체 지역 화폐를 제공하는 것을 선호하는 것처럼, 디센트럴랜드(Decentraland) 및 액시 인피니티(Axie Infinity)와 같은 가상세계는 자국 고유의 암호화폐(native cryptocurrency)를 사용함으로써 디지털 국경 밖에서 발생하는 외부 위험으로부터 경제를 더 잘 보호할 수 있습니다. 지역화폐 제공은 피아트(fiat)나 다른 암호화폐에 대한 지역화폐 절상을 통해 자본자금을 조달하고 관심을 끌며 초기 참여자들에게 보상을 주는 매개체 역할을 하는 사업전략이기도 합니다.

대부분의 블록체인 기반 세계에서는 사용자가 고유의 암호화폐인 마나(MANA, 디센트럴랜드), 큐브(CUBE, 솜니움 스페이스), 액시(AXS, 액시 인피니티), 샌드(SAND, 더 샌드박스)를 이용해 토지나 기타 자산을 구매할 수 있습니다. 한편, 가상세계 크립토복셀은 자체적인 고유의 코인에서 이더리움(Ethereum) 블록체인과 연동되는 보다 범용적인 암호화폐 이더(ETH)로 전환했습니다.

이더리움 블록체인의 다양한 차원을 이해하기 위해서는 헌신적인 연구가 필요하지만, 한마디로 이더(Ether)는 이더리움 네트워크의 운영을 용이하게 하는 트랜잭션 토큰입니다. 이더리움 네트워크에 연결되어 네트워크의 컴퓨팅 파워가 필요한 모든 프로그램과 서비스가 이더리움에서 결제된다는 의미입니다.

다음 섹션에서 이더리움 블록체인을 분석하겠지만 일단은 이더리움이 암호화폐인 반면 이더리움은 대체불가능토큰(NFT)과 분산형 자율조직(DAO: Decentralized Autonomous Organizations) 등 애플리케이션을 지원하는 블록체인 네트워크를 지칭하는 것이 중요합니다. 소유권 이전이 이더리움이나 솔라나(Solana) 등 퍼블릭 블록체인에 기록되는 동안 가상 토지 등 자산을 마나(MANA), 이더리움(Ether) 등 암호화폐와 교환하거나 매도하는 경우가 많다는 의미입니다.

소유권

급성장하는 가상 경제를 구축하기 위해서는 참여자들이 돈을 쓰고, 사업계약을 체결하고, 대량 구매를 하도록 장려하는 데 신뢰와 소유권 보장이 필요합니다. 전통적으로 가상자산과 가상화폐의 소유권은 게임 개발자의 형태로 중앙 기관이 감독해 왔습니다.

세컨드라이프는 게임 개발사 린든 랩이 린든 달러와 게임 내 자산 소유를 감사 · 관리합니다. 게임 개발자들은 게이머들이 게임을 계속할 수 있도록 공정하게 행동하고 소유권에 대한 신뢰를 유지하도록 적절하게 인센티브를 받지만 게이머들이 그들의 자산을 다른 플랫폼으로 가져갈 수 있도록 허용하지는 않습니다. 더욱이 게임 자산 규칙은 회사 차원의 소유권이나 리더십의 변화와 같이 변경되기 쉬울 수 있습니다. 과거 자산 소유자들은 서비스 약관을 변경해 가상자산이 유실되었다며 세컨드라이프를 상대로 집단소송을 제기한 적이 있습니다.

세컨드라이프 이용자들은 사용자의 유상자산이 경고 없이 일시적으로 또는 영구적으로 사라지거나 요청 시 더 이상 나타나지 않는 상태에 들어가는 재고손실 문제도 겪었습니다. 이는 기술적 문제와 해킹 등 다양한 이유로 발생할 수 있으며, 린든 랩은 사용자 분실물에 대한 보상의무가 없습니다. 다른 경우에는 세컨드라이프 사용자가 토지 임대계약을 지키지 못한 사실을 보고하기도 합니다. 이는 현실세계의 악당들과 매우 유사합니다.

한편, 탈중앙화된 세계의 소유권은 일반적으로 세계의 모든 거래를 타임스탬프하고 기록하는 데이터베이스 역할을 하는 탈중앙화되고 자동화되고 변경할 수 없는 블록체인 원장인 이더리움 블록체인에 기록됩니다.

이더리움 블록체인을 살펴보기 전, 먼저 블록체인 원장(블록체인기술을 처음 접하는 독자들을 위해)의 탈중앙화되고 변경되지 않는 특성을 풀어보도록 하겠습니다. 첫째, 블록체인은 정보가 저장되는 중심장소가 없어 탈중앙화됩니다. 대신 정보는 노드(node)라고 알려진 컴퓨터 네트워크에 저장됩니다. 개별 노드마다 블록체인의 트랜잭션 복사본이 하나씩 호스팅되어 단일 장애 지점을 제거하고 중앙 권위 행위자로부터 부패 위협을 제거합니다.

블록체인 원장도 변경이 불가능하다는 점에서 불변입니다. 트랜잭션 세부 정보를 포함한 각 정보 블록이 데이터를 변경하지 않고 유지하기 위해 암호화 방식을 사용하기 때문에 불변성이 실현됩니다. 블록체인의 작동 원리에 대해 자세히 알아보려면 리얼비전 크립토 유튜브(Real Vision Cripto Youtube) 채널에서 앤더스 브라운워스(Anders Brownworth)의 '블록체인의 작동 원리에 대한 완벽한 비주얼 워크스루(Visual Walkthrough)'를 확인할 수 있습니다. 이제 이더리움 블록체인에 대해 다시 알아보겠습니다.

이더리움은 주로 제한된 사용 애플리케이션과 가치 교환 역할을 하는 비트코인(Bitcoin)과 달리 스마트 컨트랙트(smart contracts), 디앱

(DApp: Decentralized Applications, 탈중앙화 애플리케이션),[01] 토큰[02] 등 무수히 다양한 프로그램 애플리케이션을 구동하는 범용 프로그래밍 가능 블록체인으로 설계되었습니다. 중요한 것은 이더리움이 토큰을 통해 소유권 변경을 추적하는 데 도움을 준다는 점입니다.

토큰(token)은 고대 영어 단어인 타센(tācen)에서 유래한 것으로, 세탁소, 아케이드, 교통 토큰과 같은 특별한 가치 저장 수단입니다. 오프라인 세계에서 토큰은 일반적으로 세탁 토큰과 같이 가치가 낮고 응용이 제한된 아이템을 나타냅니다.

오늘날 토큰은 블록체인의 디지털 소유권을 포함하도록 확장되었습니다. 토큰은 자산, 통화, 투표권, 액세스 권한(예: 토론 포럼 또는 웹사이트) 등의 소유권을 나타내는 데 사용됩니다. 이러한 토큰은 소유권 이전을 통해 한 사람에게서 다른 사람에게 디지털 예술 작품을 이전하는 것과 같이 첨부된 자산가치를 이전하기 위해 거래되거나 조각으로 쪼개질 수도 있습니다. 소유권 변경은 공개 블록체인에 기록되어 누가 무엇을 소유하고 있는지 의심할 여지가 없도록 합니다.

토큰은 많은 기능을 제공하도록 프로그래밍할 수 있으며 중복되는 기능을 가질 수도 있습니다. 운전면허증이 자격 및 신분증명서의 역할을 하는 것과 유사하게, 토큰은 가상자산(토지)에 대한 소유권 증명과 동일한 가상세계에서 투표권을 동시에 제공할 수 있습니다.

01 분산형 P2P 네트워크 위에 구축된 웹 애플리케이션처럼 DApp은 이더리움 블록체인에 프로그래밍된 스마트 컨트랙트 및 기타 서비스를 위한 사용자 웹 인터페이스를 제공합니다.

02 사실 이더리움은 특정한 목적 없이 다양한 프로그래밍 가능 애플리케이션을 지원할 수 있는 블록체인으로 만들어졌습니다. 개발자들이 암호화폐, 컨센서스 알고리즘, 블록체인 보안, P2P 네트워크 등의 기본 메커니즘에 대해 걱정할 필요 없이 이더리움에서 애플리케이션을 프로그래밍할 수 있다는 것이 설립자들의 비전이었습니다.

토큰은 또한 대체 불가능합니다. 즉 하나의 토큰을 다른 토큰과 직접 교환할 수 없습니다. 이는 하나의 토큰에 연결된 크립토펑크(CryptoPunks) 작품과 같은 디지털 수집품이 다른 아티스트의 작품에 연결된 토큰과 가치가 같지 않다는 것을 의미합니다. 한편, 돈은 대체가 가능합니다. 나는 내 1달러 지폐를 당신의 1달러 지폐와 공정하게 교환할 수 있습니다(이 두 가치 저장 수단은 직접 교환할 수 있기 때문에). 마찬가지로 하나의 비트코인은 다른 단일 비트코인과 상호 교환이 가능하여 대체 가능합니다.

전통 예술과 마찬가지로 대체불가능토큰(NFT)은 희소성 증명(존재하는 항목의 수), 생성 증명(누가 해당 작품을 만들었는지), 소유권 증명(현재 소유자)과 같은 여러 요소의 구조에서 가치를 유지합니다. 따라서 토큰을 대체 불가능하게 만들려면 고유 식별자, 존재하는 다른 동일한 토큰의 수, 원래 작성자를 포함한 고유 정보가 있어야 하며, 이는 현재 토큰 소유자와 연결될 수 있습니다.

실제로 NFT의 생성은 이제 예술 및 기타 고유 자산을 블록체인에 완전히 공개된 상태로 영원히 기록하고 지원하는 전 세계의 많은 엔드포인트(암호화를 사용하여 서로 바인딩된 컴퓨터 서버 클러스터)에서 유지 관리할 수 있도록 합니다. 기본 블록체인을 제거하여 단일 가치를 제거합니다.

이후 동일한 자산이 매각 또는 양도되면 이 정보는 해당 자산의 현재 소유자를 확인하기 위해 동일한 블록체인에 트랜잭션 형태로 다시 기록됩니다. 여전히 특정 디지털 아트 작품의 파일을 복사할 수 있지만 블록체인에 저장된 공개 기록(거래 내역)을 기반으로 원본 버전의 진정한 소유자가 아님을 누구나 알 수 있으므로 해당 항목은 중요한 가치가 없습니다(https://etherscan.io/).

또한 토큰을 프로그래밍할 수 있기 때문에 NFT 작성자는 토큰의 후속 재판매에서 수익을 창출할 수 있습니다. 예를 들어, 나는 최근 2차 시장 오픈씨(OpenSea)에서 0.05이더(Ether)에 슈퍼월드(Super World) 토지를 구입했으며 이 토큰의 작성자로서 슈퍼월드는 판매가격의 5%를 받고 나머지 95%는 판매자(92.5 %) 및 이 거래를 위한 시장을 제공한 오픈씨(2.5%)에 분배되었습니다.

요약하자면 블록체인에 기록된 고유 자산에 대한 이러한 공유 소유권 시스템은 혁신적이며 디지털 재산권의 길을 열어줍니다. NFT는 주문형 복제 및 위조가 불가능하고 영구 소유권이 보장된다는 사실은 가상 게임 및 기타 디지털 생태계에서 디지털 자산에 대한 최근 관심과 흥분을 설명하는 데 도움이 됩니다.

블록체인의 또 다른 특징은 디지털 소유권 이전과정에서 신뢰를 구축하고 상대방의 위험을 제거한다는 것입니다. 거래상대방 위험은 거래 또는 매매에서 상대방이 사전에 합의한 의무를 이행하지 못하는 위험입니다. 전통적으로 이 문제를 피하기 위해 거래에 중개자를 투입하여 양측이 처음 협력한 후 교환 자산을 보관한 다음 양도하는 방식으로 상호 협력을 보장했습니다. 이 약정은 일반적으로 안전하지만 중개자가 의무를 이행하지 않거나 불공정하고 투명하지 않은 방식으로 행동하는 형태로 다른 형태의 거래상대방 위험을 초래합니다.

스마트 계약으로 알려진 온체인(on-chain) 코딩 계약은 블록체인을 통해 자산을 전송함으로써 중개자의 필요성을 효과적으로 대체합니다. 거래나 계약을 감독하기 위해 제3자를 사용하는 대신 스마트 계약은 코드 라인에 작성되고 미리 결정된 조건이 충족되면 자동으로 실행됩니다.

이는 에스크로 시스템(escrow system)의 필요성을 효과적으로 제거합니다. 예를 들어, 오픈씨(OpenSea)는 구매자와 판매자가 비즈니스를 수행할 수 있는 서비스를 제공하지만 에스크로 시스템에서 NFT 항목을 보유하지 않습니다. 거래가 구매자와 판매자 평판을 기반으로 하는 이베이(eBay)와 달리 오픈씨에서의 거래는 스마트 계약을 사용하여 이루어집니다. 따라서 상대방이 이베이에서 하는 것처럼 정직하게 행동할 것이라고 믿을 필요가 없으며 오픈씨가 NFT의 소유권을 절대 추정하지 않기 때문에 신뢰할 필요도 없습니다. 거래가 성공적으로 완료되면 구매한 NFT가 구매자의 이더리움 지갑 주소에 성공적으로 연결되고 오픈씨 계정의 프로필 섹션에 표시됩니다.

거버넌스

스마트 계약 및 대체불가능토큰 외에도 블록체인은 블록체인 원장에서 조직 생성을 용이하게 합니다.

컴퓨터 프로그램으로 인코딩된 규칙으로 대표되는 DAO(Decentralized Autonomous Organizations)로 알려진 분산형 자율 조직은 구성원에 의해 제어되고 하나의 중앙 기관의 영향을 받지 않는 투명한 조직입니다. 규칙이 코드에 포함되어 있으므로 관리자가 필요하지 않습니다. 이 시스템은 엄격한 규칙을 따르지만 통치자가 없는 조직을 만들기 위한 것입니다.

이러한 분리된 구조는 통제가 투명한 환경에서 규칙을 따름으로써 이기심을 충족시키는 광범위한 참가자 네트워크에 분산되므로 계층구조와 관료주의를 제거하는 데 도움이 됩니다. 이것은 개인이나 그룹이 다른 사람이 눈치채지 않고 규칙을 편집할 수 없음을 의미합니다. 변경사항을 구현하려면 DAO의 모든 구성원(해당 DAO의 토큰 보유)이 투표해야 합니다. 이는 이사회나 운영위원회와 같은 중앙 당사자가 사적인 환경에서 변화를 주도하는 많은 중앙 조직과 대조됩니다.

블록체인에서 운영되는 분산된 조직은 가명과 디지털 아바타로 활동하는 잠재적으로 강력한 개인이 연락하고 상호작용하는 가상세계에 대한 매력적인 제안을 제공합니다. 예를 들어, DAO는 투표 시스템을 구현하고 구성원에게 토큰을 할당하여 세상이 어떻게 행동하는지 결정하는 정책에 대한 권한과 의사결정을 분산할 수 있습니다.

디센트럴랜드(Decentraland)에서 토지 소유자는 토지 토큰을 통해 자동으로 투표권을 받게 되며, 이를 통해 허용되는 웨어러블 항목의 종류, 콘텐츠 조정, 토지 및 경매정책을 포함하여 디센트럴랜드의 향후 개발 및 일일 운영에 대한 결정에 영향을 미칠 수 있습니다. 이 거버넌스 프로세스는 세컨드라이프(Second Life)에서 또는 사용자에게 직접적인 영향을 미치는 결정이 비공개로 내려지는 유튜브(YouTube) 및 페이스북(Facebook)과 같은 콘텐츠 플랫폼에서 중요한 결정이 내려지는 방식과 다릅니다.

DAO의 한 가지 한계는 결정을 정의한 다음 구성원이 충분한 정보를 얻고 일반적인 합의에 도달하는 데 상당한 시간과 노력이 필요하다는 점을 감안할 때 복잡한 문제를 해결하기 위한 효율성과 효과성입니다.

실제로 DAO 의사결정은 특정 사용자 이름을 허용할지 여부와 같이 제한되고 명확하게 정의된 결정에서 가장 잘 작동하는 경향이 있습니다. 예를 들어, 'JewFucker'라는 이름의 금지안은 DAO 투표를 통해 통과되었지만 'TrumpSucks'라는 이름의 금지안은 DAO의 투표권 행사 회원들에 의해 거부되었습니다.

가상자산

대중적인 믿음과 달리 가상 또는 디지털 부동산의 개념은 대부분의 사람들이 믿는 것만큼 참신하지 않습니다. 2003년 세컨드라이프(Second Life) 이후로 디지털 부동산을 임대 및 구매하는 시장이 생겼고 비디오 게임 내에서 광고 공간을 구매할 수 있는 오랜 기회도 있었습니다. 가상자산이 갑자기 주목받는 이유는 디지털 소유권을 검증하는 블록체인기술이 추가되었기 때문입니다.

블록체인을 통해 사용자는 이전 구매와 가상 세계에서 사용 가능한 총토지를 포함하여 공개 원장에서 발생한 거래를 볼 수 있습니다. 이는 게임 및 플랫폼 개발자가 조용히 새로운 토지를 채굴하거나 총공급량을 조작하는 것을 방지합니다. 전반적으로 이것은 개발자가 책임을 지도록 강요하고 경제의 모든 참가자 사이에서 소유권에 대한 신뢰를 구축합니다.

가상자산 임대 소득과 관련하여 이는 생태계 내에서 토지, 아파트 및 기타 가상자산을 임대함으로써 발생합니다. 현실세계와 마찬가지로 부동산 세금은 일반적으로 임대 거래 또는 토지 판매에 부과되며 개발자는 토지를 투자자에게 판매할 때 토지 판매금액의 일부를 청구합니다.

또한 브랜드는 가상 경제에서 광고하기 위해 토지를 임대하거나 구매하도록 인센티브를 받습니다. 뉴욕의 타임스퀘어와 같은 장소에서 번쩍이는 광고판에서 영감을 받은 브랜드는 제품, 서비스 및 이벤트를 홍보하기 위해 교통량이 많은 광장이나 토지 구획 근처에 광고를 하고 싶어 할 것입니다. 이는 가상 부동산 개발자가 구글(Google)에서 판매되는 광고 배너 슬롯과 유사한 그들의 도메인 내에서 제품 또는 서비스를 광고하기 위해 브랜드에 비용을 청구할 수 있음을 의미합니다. 그 대신 브랜드는 자체 토지를 구입하고 대화형 경험을 구축하여 도달 범위를 확장하고 가상세계 소비자와 소통할 수 있습니다.

디센트럴랜드에서 판매되는 광고판

과세

현실세계에서 정부는 인프라(도로, 공원 및 도서관 포함)를 유지 관리하고, 공공 상품 및 서비스에 대한 비용을 지불하고, 국경 보안을 유지하고, 다른 많은 정부 서비스 중에서 도움이 필요한 시민을 지원하기 위해 세금을 적용합니다.

그러나 가상세계에서는 공공 간접비가 훨씬 더 적습니다. 블록체인에 공원이 조성되면 잔디를 녹색으로 유지하는 비용이 전혀 들지 않고 나뭇가지도 길게 늘어뜨릴 필요가 없습니다. 또한 일부 얼리어답터들에게 메타버스의 매력 중 일부는 중앙 정부의 감독과 공격적인 세금 징수가 적다는 것입니다.

그럼에도 불구하고 웹 호스팅 비용과 사용자 경험 업그레이드, 분산된 자율 조직 및 커뮤니티 보조금을 포함하여 가상 경제를 운영하는 데는 여전히 비용이 듭니다. 논리적으로 플랫폼이 기능하고 커뮤니티가 번성하기 위해서는 공공 서비스를 위한 플랫폼에 자금을 재분배하는 준과세 시스템이 여전히 필요합니다.

세금 징수는 일반 거래세나 다른 제도를 통해 할 수 있는데 특별히 어렵지는 않지만 소득이 일정 수준에 도달해야 시행할 수 있으며 구축단계가 완료되면 해결됩니다.

세금 징수의 명백한 대상은 가상 경제에서 수행되는 상업활동에서 가치를 창출할 가능성이 가장 큰 참가자인 토지 소유자입니다. 이것은 토지 소유자(자신의 토지를 임대한)가 플랫폼에 지불하는 적당한 재산세를 의미할 수 있지만 디지털 아트 판매와 같이 가상자산에서 발생하는 서비스에서 징수될 수도 있습니다.

세금을 통해 토지에 대한 균등한 수요와 공급을 유지하기 위해 메타버스의 가상세계는 해당 세계에서 판매된 부동산에서 수집한 총금액의 작은 부분을 청구해야 할 수도 있습니다.

일자리

일자리는 가상 경제 성장의 핵심 요소이지만 최근까지 일자리는 세컨드라이프(Second Life), 마인크래프트(Minecraft), 로블록스(Roblox) 등 가상 경제 성장에 걸림돌이 되기도 했습니다.

이러한 가상 게임 및 기타 가상 게임에서 수입을 얻고 부분적인 고용을 얻을 수 있는 방법은 분명히 있지만 생계를 꾸릴 수 있는 능력은 소수의 사용자에게만 제한되어 있습니다. 결과적으로 대다수의 개인이 가상세계에서 고용되지 않은 경우, 이러한 사용자는 여행과 일 사이에서 깨어 있는 시간의 많은 부분을 소비하는 실제(physical) 세계에서 일자리를 찾아야 하므로 가상세계에서 보내는 시간이 줄어듭니다. 일이 없으면 사용자는 가상 여가시간에서 활동 및 디지털 상품에 대한 비용을 지불하기 위해 돈을 벌 수 없습니다.

가상 경제의 경우, 일자리 부족은 가상 수익 잠재력과 소비자 지출에 한계를 두고 있으며, 이는 곧 경제성장률로 이어집니다. 그러나 가상 경제 시스템의 이러한 구조적 결함은 COVID-19 대유행으로 인해 해소되기 시작했습니다. 디지털 영역의 미래 예측회사인 라틀리에(L'Atelier)에 따르면, 세계 가상 경제는 현재 연간 1,000억 달러 이상의 가치가 있으며 온라인 직업에 수십만 명의 사람들을 고용하고 있습니다.

가상 노동은 COVID-19 이전인 2000년대 대부분 동안 존재했지만 업워크(Upwork), 아마존 엠터크(Amazon MTurk), 파이브르(Fiverr) 및 태스크래빗(TaskRabbit)과 같은 웹사이트에서 수행되는 작업은 하찮고 반복적이며 비용이 낮은 경향이 있었습니다. 최근 업무 관행의 변화와 웹 3.0이 뒷받침하는 새로운 기술이 등장함에 따라 가상 경제의 전통적인 미시적 업무는 점점 더 고급화되고 복잡한 직무 역할로 보완되고 있습니다. 현재, 기술은 많은 근로자들이 재택근무를 할 수 있게 해주며, 사무실 환경에서 일하는 것을 단념시킵니다. 이러한 일자리는 가상으로 전달되지만, 이러한 노동력의 생산량은 실제 경제에 크게 기여합니다.

현재 형태에서 페이스북(Facebook)[03]과 트위터(Twitter)의 가상 작업 공개 수용은 디센트럴랜드(Decentraland), 솜니움 스페이스(Somnium Space), 더 샌드박스(The Sandbox) 및 크립토복셀(Cryptovoxels)과 같은 세계에서 가상 경제의 성장을 주도하는 데 거의 기여하지 않습니다. 그러나 오프사이트 작업에 대한 추세를 볼 때 가상세계에서 협업 및 공동 작업이 증가할 것입니다.

결국 직원들이 줌(Zoom)과 음성통화를 통해 협업할 것을 요청하기보다는 메타버스 내 가상 사무실에서 아바타를 사용하는 회의 및 기타 업무활동에 참석할 것으로 예상됩니다. 이는 사람들로 하여금 더 많은 시간을 그곳에서 보내도록 강요함으로써 메타버스의 채택을 촉진할 뿐만 아니라 가상 사무실 임대, 건설 및 아키텍처, 디지털 아바타 및 패션, 기타 가상 아이템 및 서비스에 대한 지출을 통해 메타버스 경제의 성장을 촉진할 것입니다.

보충설명을 하자면 하루 업무 8시간이 상사의 아바타가 어깨 너머로 바라보고 당신의 소재파악을 모니터링할 수 있는 가상세계로 직접 전환될 가능성은 거의 없습니다. 대신 메타버스의 가상 사무실은 회의, 교육, 협업 작업과 같은 대화형 활동을 위한 두 번째 작업 공간을 제공

03 예를 들어, Facebook에서는 직원의 20%가 호라이존 워크룸(Horizon Workroom)을 비롯한 일부 작업을 완료하는 능력을 통해 가상현실과 상호작용한다고 합니다.

할 것입니다.

경쟁

경쟁은 경제가 장기적으로 성장하고 번영하기 위해 입증된 매우 효과적인 시장 메커니즘입니다. 기업이 생산성을 강화하고, 혁신을 촉진하고, 품질을 개선하고, 비용을 절감하기 위해 경쟁함에 따라 경쟁은 기업가 정신과 경제 확장을 장려합니다.

메타버스의 경우 하나의 지배적인 세계보다는 다수의 경험과 세계가 존재하도록 하기 위해 경쟁이 필요합니다. 에픽 게임즈(Epic Games)의 CEO 팀 스위니(Tim Sweeney)는 "만약 한 중앙 기업이 이것에 대한 통제권을 얻게 된다면, 그들은 어떤 정부보다 더 강력해질 것이고, 지구의 신이 될 것입니다"라고 말했습니다. 예를 들어, 페이스북이 전체 메타버스를 소유하고 있다면, 가상 경제는 단순히 덜 개방적이고 덜 매력적일 것입니다. 단일 지배적인 회사는 소규모 개발자와 개별 사용자의 권한을 제한하는 경향이 있는 방식으로 자신의 이익에 맞게 행동할 것입니다.

인터넷의 발전과 마찬가지로 메타버스의 가상 경제는 독립 개발자와 예술가로부터 번창할 것입니다. 이들은 제품과 서비스를 판매하고 더 큰 참여자들이 시장에 남긴 격차를 메울 수 있는 기회를 통해 인센티브를 받습니다.

개방적이고 경쟁적인 경제를 구축하는 것 외에도 부동산, 일자리, 분산된 조직을 통한 거버넌스를 포함한 세계경제의 다른 영역에서도 경쟁이 필요합니다.

5장

메타버스: 다음 빅씽을 위한 준비

누가 메타버스를 채울까요?

5장 누가 메타버스를 채울까요?

단일 목적지가 없는 인터넷의 추가 계층으로서 메타버스는 각각 고유한 가상 경험을 제공하는 많은 가상 세계로 채워질 것입니다.

첫 번째 진정한 메타버스 도메인이 무엇인지 측면에서, 많은 쟁쟁한 경쟁자들이 있습니다. 디센트럴랜드(Decetraland, 역자주: 오픈 소스 3D 가상세계 플랫폼으로 사용자는 마나(MANA) 암호화폐를 통해 플랫폼의 가상 토지를 NFT로 구매할 수 있음. 2020년 2월에 일반에 공개되었으며 비영리 디센트럴랜드 재단이 감독)와 솜니움 스페이스(Somnium Space, 역자주: 사용자가 실제로 소유한 품목을 구매하고 다른 사람에게 판매할 수 있는 안전한 암호화 수집품 시장을 만들 수 있도록 도와주며 거래는 이더리움(Ethereum) 블록체인 네트워크를 사용함. 게임 내 자산은 소유한 사용자가 완전히 제어하며 게임 내 소유권과 완전히 분리됨)와 같은 그래픽 가상 환경, 크립토복셀(Cryptovoxels)과 더 샌드박스(The Sandbox)와 같은 복셀(voxel, 역자주: 2차원적인 픽셀(도트)을 3차원의 형태로 구현한 것이라 할 수 있으며, Voxel은 Volume+Pixel의 합성어로 '부피를 가진 픽셀'이라 할 수 있음) 기반 세계, 액시 인피니티(Axie Infinity)를 포함한 VR 게임들이 계속해서 인기를 끌 것으로 보입니다. 이러한 각각의 세계는 이 장의 뒷부분에서 소개되고 평가될 것입니다.

몇몇은 또한 2003년에 시작된 대규모 멀티플레이어 온라인 롤플레잉 세계인 세컨드라이프(Second Life)가 이미 진정한 메타버스 세계에 힘을 실어주기 위한 기술적 기준의 많은 부분을 충족하고 있다고 말할지도 모릅니다. 세컨드라이프는 거대하고 다면적인 경제와 적극적으로 콘텐츠를 제작하고 가상 상품을 거래하는 대규모 사용자 기반을 가지고 있습니다. 세컨드라이프는 또한 많은 동시 사용자(한 번에 평균 40,000명 정도)를 지원합니다. 그러나 이 대안세계는 여전히 세컨드라이프의 개발자인 린든 랩(Linden Lab)에 의해 중앙 집중화되고 폐쇄되고 통제되고 있습니다. 사용자를 제거하고, 정보에 액세스하고, 세상의 규칙을 바꾸고, 더 많은 돈을 인쇄하는 개발자의 능력은 자산 소유권, 신뢰 및 장기 의사결정에 부정적인 영향을 미칠 수 있으며, 따라서 세컨드라이프는 웹 3.0보다 웹 2.0을 더 연상시킵니다.

또 다른 주요 경쟁자는 페이스북(현재 메타로 개명)이며 CEO 마크 저커버그(Mark Zuckerberg)는 2014년에 인수한 가상현실회사인 오큘러스(Oculus)에 많은 계획을 가지고 있습니다. 메타버스 세계를 구축함으로써 페이스북은 사용자들이 독특한 3D 환경을 통해 온라인 소셜 네트워킹을 더 탐색할 수 있기를 원합니다. 이는 페이스북이 소셜 미디어 업체에서 메타버스 업체로 전환하려는 계획의 일환이며, 회사

내 직원 1만여 명이 이미 AR 글라스와 기타 메타버스 프로젝트를 포함한 소비자 하드웨어 구축에 참여하고 있습니다.

페이스북의 비전은 사람들이 완전히 새로운 경험을 쌓고 규모에 맞게 VR을 사용할 수 있는 모바일 이후의 컴퓨팅 플랫폼을 만드는 것입니다. 호라이즌 월드(Horizon World)라고 불리는 이 가상세계를 구축함으로써 페이스북 사용자들은 언제 어디서나 전 세계의 친구, 가족 또는 동료들과 소통할 수 있게 될 것입니다.

호라이즌 월드 내에서 사용자는 성장하고 발전하면서 가상세계를 탐색하는 동시에 가상세계에 관심을 갖고 영감을 주는 모든 종류의 새로운 것들을 발견할 수 있습니다. 이것은 게임을 하고, 전 세계의 사람들을 만나고, 퍼즐을 함께 풀고, 가상 상품을 거래하거나 디지털 공간을 만드는 것을 포함합니다. 커뮤니티 대회 지원과 액셀러레이터 프로그램, 선정된 개발자들을 위한 1,000만 달러의 창의적 커뮤니티 펀드를 통해 세계의 발전도 촉진될 것입니다.

호라이즌 월드의 창작은 모양과 도구 세트를 사용하여 3D 객체를 디자인하는 것에서부터 정교한 멀티플레이어 게임과 시각적 스크립트를 사용한 대화형 경험에 이르기까지 다양합니다. 커뮤니티 구성원은 또한 다양한 규모로 작업할 수 있도록 크기를 조정할 수 있으므로 작은 세부 사항을 작업할 수 있을 만큼 작게 만들거나 작업 전체를 볼 수 있을 만큼 크게 만들 수 있습니다.

페이스북은 호라이즌 월드 외에도 사용자가 VR에서 원격으로 작업할 수 있는 호라이즌 워크룸(Horizon Workrooms) 앱을 출시해 물리적 위치에 상관없이 동일한 가상의 방에서 함께 작업할 수 있게 했습니다. 혼합현실 데스크와 키보드 트래킹, 핸드 트래킹, 원격 데스크톱

스트리밍, 화상회의 통합, 공간 오디오, 오큘러스 아바타, 오큘러스 퀘스트 2(Oculus Quest 2) 등의 기능을 결합해 사용자는 VR에서 아바타로 미팅에 참여하거나 화상 통화를 통해 컴퓨터에서 가상의 방으로 다이얼을 돌릴 수 있습니다. 호라이즌 워크룸은 퀘스트 2가 지원되는 국가에서 오큘러스 퀘스트 2에서 무료로 다운로드할 수 있습니다.

요약하자면 페이스북의 가상세계는 가상현실과 사회적 상호작용에 중점을 두고 있습니다. 이전 장에서 언급한 분산형 가상 경제 기능들 중 일부가 없습니다. 그러나 페이스북의 방대한 사용자 기반과 오큘러스에 대한 소유권은 VR 우선 주류 사회세계를 구축하는 데 중요한 요소로 남아 있습니다.

언급했듯이 페이스북은 메타버스 슬립스트림(metaverse slipstream, 역자주: 메타버스 생태계를 채우기 위해 경쟁하는 유사업체 간 비슷한 비즈니스 영역을 말함)을 차지하기 위해 경쟁하는 유일한 플레이어가 아닙니다. 다른 신흥 메타버스 프로젝트에서도 디센트럴랜드(Decentraland), 솜니움 스페이스(Somnium Space), 크립토복셀(Crytovoxels), 더 샌드박스(The Sandbox), 슈퍼월드(SuperWorld), 액시 인피니티(Axie Infinity)가 업계 혁신과 신규 이용자 채택의 최전선에 밀접하게 연관되어 있습니다.

이제 이러한 가상세계에 대해 자세히 살펴보겠습니다.

디센트럴랜드(Decentraland)

아리 메이리치(Ari Meilich, 프로젝트 리드)와 에스테반 오르다노(Esteban Ordano, 테크니컬 리드)가 베이징에서 설립한 디센트럴랜드는 탈중앙화된 가상 토지 프로젝트 중 가장 잘 확립되고 잘 알려져 있습니다. 2015년부터 설립자들은 블록체인기술을 이용해 픽셀의 2D 그리드에 가상 부동산 소유권을 기록하는 개념 증명을 만들었습니다. 이를 통해 2017년 베타 이용자들에게 3D 월드로 공개된 디센트럴랜드를 발전시키기 위한 청사진을 제공한 뒤 2019년 2월 일반에 공개되었습니다.

디센트럴랜드는 세 개의 계층으로 이루어져 있습니다. 첫 번째 계층은 컨센서스 계층(consensus layer)으로, 이더리움 스마트 계약을 자산 소유 관리 대장으로 사용합니다. 이 도면층에는 각 토지 소유자가 각자의 토지 위치에서 무엇을 서비스하고 싶은지 플랫폼에 말하는 방식인 설명 파일도 포함되어 있습니다. 다음 계층은 콘텐츠 배포 계층(content distribution layer)으로, 디센트럴랜드가 가상세계를 만드는데 필요한 콘텐츠를 배포하는 데 사용하는 분산형 스토리지 시스템입니다. 세 번째 계층은 실시간 계층으로 사용자들이 P2P 연결(Peer-to-Peer connection)을 통해 서로 통신할 수 있게 합니다.

디센트럴랜드는 현실세계에서 마을과 도시가 분할되는 방식과 비슷하게 2차원 지도에 x와 y 좌표로 지정된 토지 구획으로 나누기도 합니다. 디센트럴랜드는 토지(1구획은 16m^{2}이며, 9만 구획으로 제한)와 도로 등 매매가 불가능한 공공용지, 플랫폼이 소유하고 통제하는 광장 등으로 구성됩니다.

도로는 디센트럴랜드 게임 지도에서 회색으로, 사유지는 파란색으로 표시되어 있습니다. 토지 구획이 매물로 나오면 지도에 하늘색으로 표시됩니다. 다른 큰 대지는 지도에 녹색으로 표시된 지방자치체 소유의 광장을 위해 남겨져 있습니다.

각 광장은 그 나름의 주제를 가지고 있습니다. 지도에서 가장 중앙의 광장은 제네시스 블록 플라자(Genesis Block Plaza)라고 불리며, 모든 아바타가 디센트럴랜드에 진입하는 출발점 역할을 합니다. 디센트럴랜드 개발자들은 2021년 5월 친구 위치로 순간 이동, 친구 신청, 암호화된 게임 내 채팅 등 새로운 기능을 추가한 콘텐츠 크리에이터 프로그램(Content Creator Program)도 출시했습니다.

콘텐츠 만들기

사유지 구획(parcel) 소유자는 잠재적인 정책 위반을 제외하고 디센트럴랜드 개발 팀의 간섭 없이 사유지 설계와 외관을 완벽하게 제어할 수 있습니다. 구획 소유자는 코드를 생성하여 작성할 수 있는 개발자 도구인 디센트럴랜드 빌더(Decentraland Builder) 또는 디센트럴랜드 SDK(Software Development Kit, 소프트웨어 개발 키트)를 사용하여 자신의 토지에 콘텐츠를 생성할 수 있습니다.

심즈(The Sims) 게임 프랜차이즈에서 볼 수 있는 클릭 앤 드래그 빌딩(click-and-dragbuilding) 도구와 마찬가지로 디센트럴랜드 빌더를 사용하여 콘텐츠를 만들고 수정하는 데 고급 기술 지식이 필요하지 않습니다. 그러나 이 도구를 사용하여 만들 수 있는 항목에는 몇 가지 제한이 있습니다. 애플리케이션, 게임, 비디오, 아웃바운드 링크, 버튼, 아바타 수정자(modifier) 및 3D 장면을 만들려면 디센트럴랜드 SDK를 사용해야 합니다.

디센트럴랜드 SDK를 설치한 후에는 선택한 명령줄 인터페이스 도구 내에서 로컬로 장면(scene)을 컴파일하고 미리 볼 수 있습니다. 디

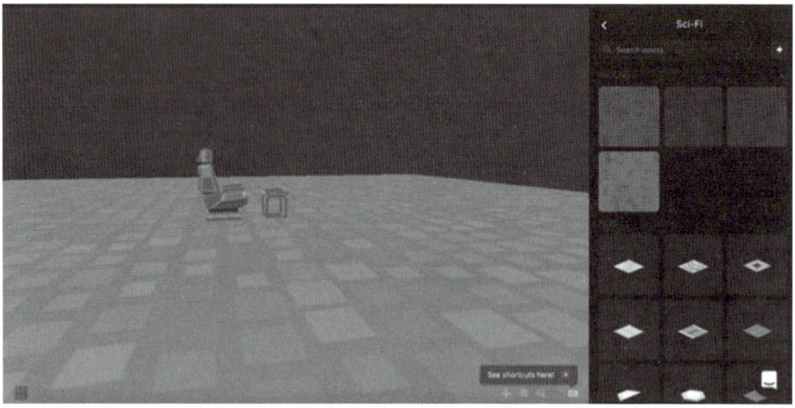

디센트럴랜드 빌더(The Decentraland Builder), 클릭-앤드-드래그 브라우저 에디터

센트럴랜드에서 사용되는 언어인 장면은 하나 또는 여러 구획의 땅에 건설되는 경험입니다. 플레이어가 한 장면에서 다른 장면으로 자유롭게 이동할 수 있는 반면, 각 장면의 코드는 다른 외부 장면에서 샌드박스로 처리됩니다. 즉 각각의 장면은 자신만의 미니어처 자급자족식의 세계로 존재하기 때문에 한 장면에 포함된 요소가 다른 누군가의 토지에 있는 장면으로 넘어가지 않는다는 뜻입니다. 예를 들어, 한 구획에서 생성되는 소리는 그 구획 안에 있는 플레이어만이 들을 수 있습니다(방문객은 사용자 설정에서 소리를 끌 수 있습니다).

비디오 장면의 경우, 현재 한 장면에서 비디오를 표시하는 두 가지 방법이 있습니다. 한 가지 방법은 URL이나 비디오 파일 경로를 참조하여 외부 소스에서 비디오를 스트리밍하는 것입니다. 두 번째 방법은 비디오 파일을 .mp4, .ogg 또는 .webm 파일로 장면 내에 저장하는 것입니다. 하지만 한 구획에 최대 15MB의 메모리 제한이 있다는 것을 알아야 합니다. 따라서 당신의 토지에 비디오 파일을 저장하면 당신의 장면의 전체 크기에 영향을 미치고, 이것은 방문객들이 당신의 세계에 들어올 때 장면을 렌더링하는 것을 더 느리게 만들 것입니다. 그러나 원본 비디오 파일을 압축하여 비디오 크기를 최소화할 수 있습니다.

로컬에서 장면을 테스트한 후 콘텐츠를 직접 디센트럴랜드에 있는 당신의 토지에 업로드할 수 있습니다. 자세한 내용은 디센트럴랜드 SDK 101 가이드(https://docs.decentraland.org/development-guide/SDK-101/)를 참조하거나 스택 오버플로우(Stack Overflow)에서 디센트럴랜드(decenraland) 또는 디센트럴랜드-이씨에스(decentraland-ecs) 태그를 검색하기 바랍니다.

거래 토지 및 기타 자산

블록체인을 통해 토지 구획을 시장가치로 거래할 수 있어 디센트럴랜드 마켓플레이스(Decentraland Marketplace)와 2차 시장 오픈씨(OpenSea) 양쪽에서 다른 이용자에게 토지를 매매할 수 있습니다. 통상적으로 토지 구획이 제네시스 블록 플라자(Genesis Block Plaza, 세계의 출발점)에 가까울수록 시세가 높아집니다. 토지가격에 영향을 미칠 수 있는 다른 요인으로는 주요 도로, 지구 또는 다른 광장과의 근접성이 포함됩니다.

토지 외에 디센트럴랜드 마켓플레이스(삼성 블록체인 월렛 내 앱으로도 이용 가능)나 오픈씨 등 외부 마켓플레이스에서 웨어러블과 아바타 이름을 사고팔 수 있습니다. 이들 아이템은 이더리움 블록체인에 기록된 대체불가능토큰(NFT)으로 존재하고 디센트럴랜드 내에 게임 화폐인 마나(MANA) 토큰을 사용하여 구매하거나 팔 수 있습니다.

마나(MANA)

마나는 코인베이스(Coinbase), 제미니(Gemini), 크라켄(Kraken), 바이낸스(Binance) 등 대부분의 주요 암호화폐 거래소(cryptocurrency exchanges)에서 구매할 수 있습니다. 마나 자체는 이더리움 ERC20 토큰으로 시간이 지남에 따라 전체 공급량을 연소(영구적으로 감소)할 수 있는 메커니즘이 내장되어 있는 등 한정된 공급량을 가지고 있습니다. 원래 1건당 2.5%의 연소율을 기록했습니다. 그러나 이후 이 프로토콜이 변경되어 디센트럴랜드 및 마켓플레이스 거래 수수료에 대한 2%의 새로운 부과금이 디센트럴랜드 DAO를 통해 커뮤니티 프로젝트로 전환되었습니다.

다오(DAO: Decentralized Autonomous Organization)

디센트럴랜드 DAO는 이 가상세계에서 의사결정을 위한 커뮤니티 기반 메커니즘입니다. 마나(MANA) 토큰 보유자는 보조금 발행, 건물 높이 제한, 토큰 이코노믹스 등 중요한 변경사항, 콘텐츠 조정 등 일상적인 운영에 대해 투표할 수 있습니다. 사용자는 투표에 사용하는 이더리움 주소에서 자신이 소유한 마나 단위당 1표를 받습니다. 디센트럴랜드 사유지 소유자는 보유 구획당 2,000표, 토지 소유자는 각 구획당 2,000표를 받습니다. 따라서 더 높은 금융 지분을 가진 토지 소유자들은 디센트럴랜드의 향후 방향과 일상적인 운영에 대해 더 많은 의견을 제시할 수 있습니다.

커뮤니티 기반 메커니즘으로서 의사결정은 제안이 형성되고 투표되고 실행되기 위해서 시간과 대화, 사회적 모멘텀이 필요합니다. 이미 통과된 제안의 예로는 의자에 앉아 사물을 가리키는 기능과 분실된 토지 회수 제안(실제 세계의 기존 법률을 모방함)이 있습니다. 이 기능은 일정 기간 동안 활동이 없으면 유실되거나 버려진 토지가 부동산 시장에 재진입할 수 있게 합니다.

디센트럴랜드 DAO가 디센트럴랜드를 완전히 통제할 수 있는 것은 아니라는 점을 기억해야 합니다. 예를 들어, DAO는 배치 시 파기된 마나 스마트 계약을 소유하지 않습니다.[01] 이렇게 하면 개인이나 컨소시엄이 전체 마나 공급을 수정하거나 일시 중지할 수 있는 권한을 얻을 수 없습니다.

2018년 파기된 이더스캔(Etherscan)의 마나(MANA) 스마트 계약 공개 기록

디센트럴랜드 방문

누구나 디센트럴랜드를 방문해 지도를 탐색할 수 있지만 토지 소유자(또는 토지 임대 사용자)만이 자신의 토지에 호스팅되는 콘텐츠를 제작하고 수익을 창출할 수 있습니다.

디센트럴랜드를 방문하고 탐험하기 위해서는 먼저 무료 계정에 가입하고 무료 웨어러블과 액세서리를 제한적으로 선택할 수 있는 아바타 편집기를 사용하여 성별, 얼굴 특징, 헤어 컬러를 포함한 자신만의

---

01 스마트 계약 레코드는 이더스캔(Etherscan)에서 액세스할 수 있습니다. https://etherscan.io/address/0xdf861993edbe95bafbfa7760838f8ebbd5afda9f.

아바타를 커스터마이징해야 합니다. 추후 패션 커스터마이징을 원할 경우 디센트럴랜드 마켓플레이스에서 마나(MANA)를 이용해 디지털 가죽재킷 등 웨어러블을 구매하거나 다양한 이벤트에 참여해 적립할 수 있습니다.

마나(MANA)를 받거나 사용하려면 브라우저 확장 지갑이 필요한데, 이 지갑이 작성 당시 메타마스크(MetaMask, metamask.io) 브라우저 지갑입니다. 브라우저 확장으로 메타마스크를 설치한 후(가짜 버전이 아닌 공식 버전의 메타마스크를 설치하는 데 주의가 매우 필요합니다)에 로그인할 수 있습니다. 디지털 지갑에 마나(MANA)를 가지고 있지 않아도 디센트럴랜드 내의 이벤트를 탐색하고, 시간을 보내고, 참석할 수 있습니다. 다만 명목화폐(fiat)(USD, 엔)나 다른 암호화폐(비트코인)를 이용해 마나를 구매하려면 먼저 코인베이스(Coinbase)와 같은 거래소에서 마나를 구매한 후 자금을 메타마스크 지갑으로 이체해야 합니다. 메타마스크 지갑으로는 암호화폐를 직접 구매할 수 없습니다. 지갑에 자금을 이체한 후에는 디센트럴랜드에서 실세계 구매를 할 수 있습니다.

이벤트

이벤트(Events)와 관련하여 디센트럴랜드는 회의, 음악 콘서트, 아트 쇼, 커뮤니티 미팅, 프라이드 퍼레이드, 심지어 디지털 도그 쇼를 포함한 광범위한 가상활동들을 주최합니다.

디센트럴랜드는 2020년 4월, 암호화폐 기업가인 에릭 부어히스(Erik Voorhees)와 로저 버(Roger Ver), 바이낸스(Binance) CEO 겸

창업자 창펑 자오(Changpeng Zhao), 음악 아티스트 에이콘(Akon) 등이 참석한 블록다운 크립토 컨퍼런스(Blockdown Crypto Conference)를 개최했습니다.

이벤트 주변의 분위기는 조용한 가운데 디센트럴랜드는 축구 사상 첫 크립토 월드컵도 개최해 우승자들이 실제 금화로 교환할 수 있는 NFT를 실전에서 받았습니다.

주목해야 하는 이유

디센트럴랜드가 다소 투박한 사용자 경험과 적은 수의 일일 활성 사용자 때문에 여전히 어려움을 겪고 있는 반면, 플랫폼의 토지시장은 투기와 유한한 공급에 힘입어 빠르게 발전해 왔습니다. 이런 변화는 결국 플랫폼에 대한 미디어 보도와 관심을 끌어모으는 데 도움이 되었으며, 이는 또한 디센트럴랜드가 메타버스 생태계에 조기에 진입한 데 힘입었다고 할 수 있습니다.

디센트럴랜드는 VR 통합과 사용자 의존성(user stickiness: 사용자가 기능이나 서비스에 얼마만큼 의존하고 있는지를 수치로 나타낸 값) 측면에서 다른 플랫폼에 비해 뒤처져 있습니다. 그러나 정교한 가상 이벤트, 콘서트 및 실제 경험을 만들 수 있는 강력한 SDK 툴 덕분에 여전히 상업적 파트너십, 주요 이벤트 및 브랜드 프로모션에 선호되는 옵션을 보유하고 있습니다.

디센트럴랜드에 대해 자세히 알아보기 위해서 당신은 디스코드(Discord, 해당 웹사이트의 정보)에 가입하고 웹 브라우저에서 디센트럴랜드를 탐색할 수 있는 무료 사용자 계정을 만들 수 있습니다.

더 샌드박스(The Sandbox)

아르헨티나에 본사를 둔 게임 전문기업 픽스울(Pixowl, 2018년 애니모카 브랜드(Animoca Brands) 인수)이 개발한 더 샌드박스는 게이머들에게 강하게 어필하며 진화하는 메타버스 분야에서 가장 유망한 사용자 생성 콘텐츠(UGC: User-Generated Content) 프로젝트 중 하나입니다.

2018년 게임의 분산 버전을 출시하기 전에 픽스울은 더 샌드박스(2011)와 사용자 개발 콘텐츠 장르에서 마인크래프트(Minecraft)와 로블록스(Roblox)와 직접적으로 경쟁하는 더 샌드박스 에볼루션(The Sandbox Evolution, 2016)이라는 이름의 iOS 및 안드로이드용 가상세계를 개발하였습니다. 픽스울은 2011년 더 샌드박스 오리지널 출시 이후 플레이어가 가상세계와 게임을 만들 수 있는 몰입형 플랫폼을 만드는 데 주력해 왔습니다.

중앙 집권형 UGC 게임에서 분산형 UGC 게임으로의 최근 전환(홍콩 기반 Animoca Brands 소유)은 이제 크리에이터들에게 대체불가능 토큰(non-fungible token) 형태로 창작물에 대한 소유권을 부여합니다. 또한 게임의 블록체인 버전은 플레이어들이 중앙 기관이 모든 숏(Shot)을 호출하지 않고도 분산형 자율 조직을 통해 게임의 방향을 부분적으로 통제할 수 있을 뿐만 아니라 입력도 할 수 있게 합니다.[02]

---

02 한편, 로블록스(Roblox)와 마인크래프트(Minecraft)를 포함한 중앙 집중식 사용자 생성 콘텐츠 게임은 시장 내에서 상당한 거래비용을 부과하고 자산 및 통화 소유권을 게임에 고정하고, 플레이어의 소유권을 철회할 수 있는 기능과 함께 사용 소유권을 제한합니다.

더 샌드박스는 전통적인 중앙 집권형 게임을 뒤집어 놓음으로써 분산형 게임 프로젝트에 관심이 있는 사용자들을 끌어모을 뿐만 아니라 전통적인 게임으로부터 플레이어들을 전환시키고 사용자 생성 콘텐츠 시장에서 마인크래프트와 로블록스의 지배력을 붕괴시키기를 희망하고 있습니다.

콘텐츠 제작

마인크래프트나 로블록스 프랜차이즈처럼 더 샌드박스 세계는 복셀(Voxels) 기반의 환경입니다. 복셀은 빌딩 블록과 유사한 3차원 정사각형 픽셀로, 빠르게 편집하고 조작하여 객체와 가상세계 환경을 만들 수 있습니다.

플레이어들은 사용이 간편한 3D 복셀 모델링 도구이자 NFT 생성 패키지인 복스에디트(VoxEdit)라는 무료 도구를 사용하여 더 샌드박스에 빌드(build)할 수 있습니다. 이 도구를 통해 플레이어들은 인간, 동물, 차량, 나뭇잎, 도구 및 기타 가상 아이템을 포함한 3D 객체를 만들고 애니메이션화할 수 있습니다. 기록할 때 복스에디트 도구는 PC 및 Mac과 모두 호환됩니다.

생성된 객체는 NFT 게임 에셋(ASSET)으로 복스에디트에서 더 샌드박스 마켓플레이스(Marketplace)로 내보내어 다른 플레이어들이 거래하고 구매할 수 있습니다. 소유권 이전뿐만 아니라 작성자, 발행번호 등 객체의 메타데이터가 이더리움 블록체인에 공개적으로 기록됩니다. ASEETS는 또한 가치에 영향을 미치는 희귀성(베이직(Basic), 레어(Rare), 에픽(Epic), 레젠더리(Legendary))이 서로 다르며, 일반적으로 더 희박한 항목들이 더 높은 가치를 끌어당깁니다.

복스에디트(VoxEdit) 외에도 더 샌드박스 게임 메이커(Game Maker)가 있어 코드 없는 시각 스크립팅 도구를 이용해 무료로 3D 게임을 빠르게 내려받아 제작할 수 있습니다.

토큰

더 샌드박스에는 플레이어, 크리에이터, 토지 소유자를 연결하고 가상경제의 원활한 운영을 수행하기 위한 여러 토큰 유형이 존재합니다. 바이낸스, 제미니 등 암호화폐 거래소에서 구매할 수 있는 샌드(SAND)[03]가 모든 거래의 기본입니다. 샌드의 최대 공급량은 30억 토큰이지만 현재 유통되는 공급량은 10억을 훌쩍 밑돌고 있어 앞으로 더 많은 토큰이 출시될 전망입니다.

나머지 두 게임 토큰은 사용자 생성 콘텐츠를 만들고 조립하는 플레이어에게 할당된 토큰인 에셋(ASSETS)과 이더리움 블록체인에 기록된 독특한 디지털 부동산 조각인 랜드(LAND)입니다. 랜드는 총 166,464개의 조각을 공급하며, 상호 연결되어 더 샌드박스 맵을 형성합니다. 각 랜드 패키지는 가로 96m, 세로 96미터(약 1에이커) 크기로 게임, 자산 및 기타 대화형 콘텐츠 체험으로 채워질 수 있습니다. 랜드(LAND)는 다른 내부 자산과 마찬가지로 샌드(SAND)를 사용하여 구입할 수 있습니다.

인접한 여러 랜드를 이스테이트(ESTATE)라고 하며, 더 큰 온라인 경험을 만들고 호스팅하는 데 사용할 수 있습니다. 디스트릭트

03 SAND는 이더리움 블록체인에 구축된 ERC-20 유틸리티 토큰입니다.

(Districts, 구역)은 또한 지도의 고유한 지역을 만들기 위해 형성될 수 있지만 특정 기준을 충족해야 합니다. 예를 들어, 디스트릭트의 토지 구획은 인접해야 하고, 2인 이상이 소유해야 하며, 투표 시스템을 통해 주민 승인을 받아야 합니다.

더 샌드박스의 주목할 만한 지주로는 스눕독(Snoop Dogg), 아타리(Atari), 워킹데드(Walking Dead), 지루한 원숭이들의 요트클럽(Bored Ape Yacht Clube) 프로젝트 등이 있는데, 이 프로젝트들은 이 지주들과 인접한 땅의 땅값을 상승시켰습니다.

더 샌드박스 지도 왼쪽의 스눕독(Snoop Dogg) 구역과 오른쪽의 아타리(Atari) 구역

다오(DAO)

샌드(SAND)는 더 샌드박스 생태계를 지원하는 역할을 하는 재단이라는 분권형 자치조직을 통해 의결권 형태로도 부차적인 역할을 합니다. 재단은 창작자를 위한 보조금 프로그램을 통해 플랫폼상에서 고품

질 인터랙티브 콘텐츠 및 게임 제작에 자금을 지원하고 인센티브를 제공합니다.

이러한 보조금은 부분적으로 모든 샌드 토큰 거래에 5%의 부과금이 부과되는 수수료 캡처 모델(fee capture model)에 의해 지원됩니다. 이 부담금을 통해 수집된 샌드는 재단과 스테이킹 풀(Staking Pool, SAND의 형태로 스테이킹[04]된 LANDS에 소극적 수익을 제공) 사이에 균등하게 분할(50 : 50)됩니다.

샌드를 소유한 사용자는 플랫폼의 제품 로드맵에 대한 기능 우선순위 지정뿐만 아니라 콘텐츠 및 게임 크리에이터에 대한 재단 보조금 등 더 샌드박스의 주요 의사결정에 대한 의결권을 행사할 수 있습니다.

주목해야 하는 이유

더 샌드박스(The Sandbox)는 그래픽부터 실세계 기능까지 게임화, 미적 측면에서 높은 성능을 발휘하며 게임 개발에 크리에이터의 뿌리를 반영하고 있습니다. 가상 랜드에서 고품질의 싱글 또는 멀티 플레이어 게임 경험을 구축할 수 있는 능력은 게임 개발자와 게이머들이 단지 투기적이고 상업적인 동기 때문이 아니라 엔터테인먼트와 개발 목적으로 플랫폼에 참여하도록 유도할 수 있는 잠재력을 가지고 있습니다.

느리지만 점진적인 토지 공개는 또한 더 많은 사람들을 프로젝트에 참여하게 할 수 있는 잠재력을 가지고 있습니다. 복셀 기반의 세계로

04 스테이킹(Staking)은 외부 사용을 위해 그리고 그 대가로 보상을 얻기 위해 정해진 기간 동안 암호화폐 자산을 약속하는 행위를 말합니다.

서 더 샌드박스는 로블록스와 마인크래프트 팬들, 특히 Z세대 게이머들 사이에서 점점 더 인기를 끌 것으로 보입니다. 더 샌드박스 웹사이트와 관련 소프트웨어 툴은 영어 메타버스 프로젝트 중 드물게 중국어, 일본어, 한국어로도 이용할 수 있으며 아시아 지역에서의 성장 가능성을 보여줍니다.

솜니움 스페이스(Somnium Space)

2017년부터 시작해 2018년 론칭한 솜니움 스페이스는 VR 장비를 통해 사용자가 직접 탐색하고 참여하도록 유도하는 3D 세상입니다. 여기에는 Oculus, HTC VIVE, HP, VALVE, 모든 윈도우 혼합 현실(Windows Mixed Reality) 헤드셋 및 기타 주요 헤드셋이 포함됩니다. 2021년 말 솜니움 스페이스는 자체 독립형 VR 헤드셋 개발 계획도 공개했습니다.

디센트럴랜드와 마찬가지로 솜니움 스페이스에 대한 소유권이 이더리움 블록체인에 기록되고 거래는 큐브(CUBES)라는 지역화폐로 이루어집니다.

솜니움 스페이스는 현실의 섬나라처럼 독자적으로 자국의 경제와 역사를 운영한다는 취지입니다. 게다가 사용자들은 자신의 사회적 지위나 다른 사람들이 그들을 어떻게 인식하는지 나타내는 카르마(Karma)를 얻고 축적할 수 있습니다. 카르마 수준은 다른 플레이어들이 자신을 평가하는 방식(다른 플레이어들의 카르마를 기반으로 조정됨), 총 플레이 시간, 세계 발견율, 토지 소유권, 건축활동, 행사 조직 및 기타 많은 행동 기반 요인들을 조합하여 계산합니다. 솜니움 스페이스의 이러한 사회적 지위 체계는 대부분의 다른 분산화된 세계에서는 찾아볼 수 없으며 활동적인 공동체를 장려하는 데 도움이 됩니다.

사실, 사용자들은 가상세계에서의 활동에 대한 정기적인 뉴스 게시물이 있는 사용자 생성 출판물인 솜니움 타임즈(https://somnium-times.com/)를 만들기 위해 많은 노력을 해왔습니다.

솜니움 스페이스의 독일 창업자 아르투르 시초프(Artur Sychov)도 솜니움 스페이스에서 가상 이벤트에 참석하고 팟캐스트와 유튜브 인터뷰를 통해 비전을 전파하는 등 매일 2~4시간을 보내며 활발한 활동을 펼치고 있습니다. 시초프는 전직 투자은행가, MBA 졸업자 그리고 세 아이의 아버지입니다. 그는 다른 메타버스 제작자들과 마찬가지로 자신의 메타버스에 부동산을 소유하고 있지만 여전히 다른 사람들처럼 토지와 자산에 대한 비용을 지불하고 있습니다.

또한 시초프는 혼자가 아니며 솜니움 스페이스 세계를 구축하는 것을 돕는 10명 이상의 직원들과 함께 일하고 있습니다. 윙클보스(Winklevoss) 쌍둥이가 설립한 벤처펀드인 제미니 프론티어 펀드(The Gemini Frontier Fund)도 솜니움 스페이스에 투자하며, 타일러(Tyler Winklevoss)와 카메론 윙클보스(Cameron Winklevoss)가 프로젝트의 공식 어드바이저로 참여하고 있습니다.

콘텐츠 제작

이 장에서 소개된 다른 세계와 마찬가지로 사용자는 자신의 가상 토지에서 경험을 창출하는 것을 목표로 토지를 구입하거나 가상 주택을 임대하고 NFT를 생성, 수입 및 거래할 수 있습니다.

솜니움 스페이스(Somnium Space)에는 토지 공급에 제한이 없으며, 실제 사용자 수요에 따라 새로운 땅(플롯, plot)이 사라집니다. 이는 디센트럴랜드(Decentraland)나 더 샌드박스(The Sandbox)처럼 토지 공급이 부족하지 않고 일반적으로 가격도 상대적으로 낮다는 것을 의미합니다.

토지는 2D 또는 3D 아트를 전시하거나 상점을 열거나 다른 경험을 하는 데 사용될 수 있습니다. 예를 들어, 게임 개발자는 자신의 땅에서 게임 데모나 전체 게임을 호스팅할 수 있으며 라이브 스트리머는 솜니움 스페이스 내에서 가상 스튜디오를 호스팅할 수 있습니다.

플랫폼의 마켓플레이스 또는 오픈씨(OpenSea)와 같은 2차 시장에서 토지를 구입한 후 빌더(Builder)를 컴퓨터에 다운로드할 수 있습니다. 빌더는 솜니움 스페이스 세계에 VR 구조를 구축하고 업로드하는 데 사용되는 클릭 앤 드래그 소프트웨어 도구입니다. 빌더는 많은 모듈식 빌딩 요소 및 색상 옵션을 포함하여 높은 수준의 사용자 정의를 제공합니다.

각 구획에는 건축 크레딧(토지 크기에 따라 설정)이 할당되며, 이 크레딧은 창호나 문과 같은 요소를 매입하는 데 사용할 수 있습니다. 예를 들어, 벽 하나를 설치하면 2크레딧이 소요되며 화면 크레딧 미터에서 자동으로 업데이트됩니다.

일단 구축되면 모든 이용자들은 당신의 땅에 들어가 게임을 하거나 지역 통화인 CUBES(경험을 위해 가스 수수료(gas fees)를 반드시 지불할 필요 없이[05])를 삽입하여 다른 경험을 즐길 수 있습니다. 가스 수

05 사용자는 오프체인(off-chain) 거래 · 결제에 사용되는 솜니움 스페이스의 레이어 투(Layer 2) 통합을 사용하여 큐브(CUBE) 토큰을 이더리움 네트워크에서 폴리곤 네트

수료는 사용자가 이더리움 블록체인 채굴자에게 자신의 거래를 기록하고 다음 블록에 포함시키기 위해 지불하는 거래 수수료 역할을 합니다.

솜니움 스페이스는 대본이 가능한 세상으로, 자신의 땅에서 가상 장면(애니메이션, 영상, 신체 움직임 추적 등)을 프로그래밍하고 수익화할 수 있으며 디지털 자산도 만들 수 있습니다. 여기에는 전신 아바타, 자동차, 월드 토큰(땅에 배치할 수 있는 NFT) 등이 포함되어 마켓플레이스에 업로드해 판매할 수 있습니다. 이 모든 것은 솜니움 유니티를 통해 가능합니다. SDK이지만 이 옵션은 프로그래밍 전문 지식을 갖춘 고급 크리에이터를 대상으로 합니다.

솜니움 스페이스는 또한 참여, 시선 추적, 변환율 등을 캡처하고 분석하는 데 사용할 수 있는 완전한 프로그래밍 방식의 VR 광고 플러그인을 제공합니다.

마지막으로 솜니움 스페이스는 도박, 디스코 등 성인 콘텐츠로부터 아이들을 적극적으로 보호한다는 점에 유의해야 합니다. 솜니움 스페이스는 사용자 및 연령 확인에 옵트인(opt-in) 방식을 따릅니다. 예를 들어, 구획에 콘텐츠를 업로드하면 기본적으로 자동으로 18개 이상의 구획으로 플래그가 지정되며, 연령 확인을 완료하지 않은 사용자는 해당 구획에 구성된 내용을 보거나 경험할 수 없습니다. 그러나 모든 사용자는 연령 확인을 완료할 필요 없이 가상세계를 돌아다닐 수 있습니다.

워크로 간단히 전환할 수 있습니다.

주목해야 하는 이유

솜니움 스페이스는 VR 통합의 초기 선두주자이며 잠재적으로 하드웨어 분야에서도 페이스북, 호라이즌 월드(Horizon Worlds)와 경쟁하고 있으며, 내부 활동을 장려하는 사회 기여 점수를 제공합니다. 그것의 공동체는 견고하고 확실히 다른 사람들이 VR 기술을 채택하고 솜니움 스페이스에 참여하도록 장려하는 데 자산이 됩니다. 이 장에서 살펴본 다른 분산형 사용자 생성 세계 중에서 솜니움 스페이스는 약간 덜 언급되어 있으며, 완전한 가상현실 경험을 즐기기 위한 소비자 하드웨어의 필요성에 의해 광범위한 사용자 채택이 제한될 수 있습니다.

솜니움 스페이스는 아직 커뮤니티 결정을 내리기 위한 DAO를 시작하지 않았으며 플랫폼의 향후 방향은 재능 있는 설립자 혼자에게 크게 의존하고 있습니다.

크립토복셀(Cryptovoxels)

크립토복셀은 탈중앙화된 가상현실 및 복셀 기반의 세계입니다. 이 프로젝트는 설립자 벤 놀랄(Ben Nolan, 이전에는 웹 개발자로 디센트럴랜드의 초기 구축에 참여했음)에 의해 2017년에 흑백으로 공개되었으나 현재는 전체 칼라로 이용이 가능합니다.

블록체인에 구축된 다른 가상세계와 마찬가지로 가상 랜드는 각 피스(piece)가 자체 ID와 상태를 갖고 이더리움 블록체인에 기록되는 대체불가능 디지털 자산으로 간주됩니다. 따라서 가상세계에서 창작물을 완전히 소유할 수 있으며, 이는 사용 권한만 있고 실제 소유 지분이 없는 마인크래프트나 로블록스와 같은 다른 복셀 게임과는 다릅니다. 또한 복셀 데이터가 블록체인에 저장되기 때문에 향후 가상세계가 종료되더라도 창작물에 대한 기록이 완전히 손실되지는 않습니다.

솜니움 스페이스와 비슷하게 크립토복셀은 오큘러스 퀘스트, 오큘러스 리프트, HTC 바이브와 호환됩니다. webvr.info에서 호환 가능한 최신 WebVR 브라우저를 찾을 수도 있습니다.

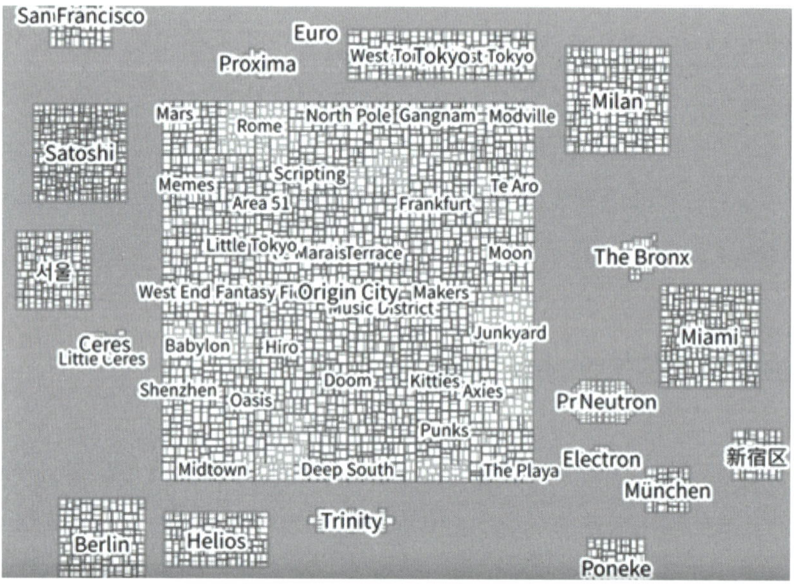

크립토복셀(Crypto Voxel)은 오리진 시티(Origin City)를 가운데 두고 주변에는 새로운 섬을 배치합니다.

콘텐츠 제작

크립토복셀(Cryptovoxel)의 주요 초점은 사용자와 개발자가 플랫폼에 MMO든 퀘스트가 있는 게임이든 단순히 더 많은 건물을 만드는 것입니다. 세계는 창립 도시 오리진 시티(Origin City)와 더 새로운 섬들로 구성되어 있으며, 더 코퍼레이션(The Corporation)이 소유하고 있는 거리들과 개인이 구매하고 소유하는 구획들로 구성되어 있습니다. 이들 구획의 소유자는 자신의 구획에 복셀(블록)과 특징을 추가 · 제거하거나 자신의 토지를 샌드박스 구획으로 지정할 수 있어 다른 이용자들이 해당 구획에 무료로 건축(build)할 수 있습니다. 또한 사용자 계정 설정에서 찾을 수 있는 그리드의 편집 가능한 빈 공간을 개발하는 연습을 할 수 있습니다.

마우스 클릭만으로 복셀을 넣을 수 있기 때문에 코딩기술이 필요하지 않지만 건축이나 편집은 웹 브라우저를 통해서만 가능합니다.

크립토복셀은 또한 자체 서버에서 자바스크립트(javascript) 코드를 실행하고 스크립트로 작성된 크립토복셀의 구획에 업데이트를 보낼 수 있는 스크립팅 인터페이스를 제공합니다. 구획의 모든 피처(feature) 내에 스크립트를 작성할 수 있으며, 이 피처에 입력된 모든 사용자는 동일한 스크립트 뷰를 볼 수 있습니다.

토큰

크립토복셀은 이전에 $COLR 토큰을 세계 통화로 사용했으며, 이 토큰은 세계에 컬러 블록을 추가하는 데도 사용될 수 있었습니다. 토큰은 환매계획(buyback scheme)를 통해 2020년 6월 중단되었습니다. 현재 크립토복셀은 이더(Ether)를 토지 매입을 포함한 내부 거래에 사용하고 있습니다.

오픈씨(Opensea)에서 NFT로 토지를 구매하고 메타마스크(Meta

Mask), 코인베이스 월렛(Coinbase Wallet) 등 호환 지갑을 이용해 수입할 수 있습니다. 새로운 토지는 일주일 단위로 분할됩니다.

주목해야 하는 이유

몇몇 사람들은 처음에 복셀 세계에 거부감을 느끼지만(마인크래프트나 로블록스를 하며 성장하지 않은 나를 포함하여), 크립토복셀은 이리저리 둘러보는 것이 매우 흥미롭습니다. 이 플랫폼은 또한 디자인 미학과 오리진 시티(Origin City)에서 무작위로 이스터 에그(easter egg)를 찾을 수 있다는 점에서 약간 구식 느낌이 나고, 오랜 게이머들에게 어필하고 있으며, 매우 열광적인(일부는 컬트 같다고 말할 수도 있음) 추종자들을 끌어들이는 데 도움이 됩니다.

세계	블록체인	통화	가상세계(VR)	토지 구획
디센트럴랜드 (Decentraland)	이더리움	마나(MANA)	아직 없음	90,000
솜니움 스페이스 (Somnium Space)	이더리움	큐브(CUBES)	예	한도 없음
크립토복셀 (Cryptovoxels)	이더리움	이더(ETH)	예	한도 없음
더 샌드박스 (The Sandbox)	이더리움	샌드(SAND)	예	166,464

개발 측면에서도 크립토복셀은 VR 통합을 제공하고 트위터에서 변화와 버그 수정을 전달하는 것은 물론 창의성을 장려하고 아티스트가

플랫폼에서 존재감을 키울 수 있도록 돕는 적극적인 창업자(벤 놀란(Ben Nolan)가 있습니다.

슈퍼월드(SuperWorld)

2021년에 출시되었으며 포켓몬고(Pokémon Go)에서 많은 영감을 받은 슈퍼월드는 플래닛 어스(Planet Earth) 위에 레이어드된 분산 증강현실(AR) 플랫폼입니다. 사용자는 축구 경기장, 역사적 기념물 또는 심지어 지역 블록을 포함하여 실제 세계에 지리적으로 매핑된 하나 이상의 가상 토지 구획을 주장할 수 있습니다.

총 640억 개의 가상의 토지가 존재합니다. 각 플롯(plot)의 크기는 대략 뉴욕시 블럭의 크기인 100m×100m입니다. 독특한 NFT가 이더리움 블록체인에 기록되었듯이, 이러한 희소한 토지들은 디지털 지갑과 투자에 필요한 자금을 가진 사람이라면 누구나 수집하고 거래할 수 있습니다. 새로운 플롯은 이더리움 네트워크 사용에 대한 가스 수수료(gas fees)와 함께 슈퍼월드 웹사이트에서 0.1ETH에 청구 및 구매가 가능합니다. 청구된 땅은 오픈씨(OpenSea)를 포함한 2차 시장에서도 매입할 수 있으며, 이 시장에서 원래의 가격보다 몇 배 높은 가격에 팔 수 있습니다.

소유자는 포켓몬고 모바일 게임과 비슷하게 증강현실을 이용해 볼 수 있는 AR 게임, 대화형 3D 아트 및 객체, 비디오, 디스플레이 광고 등을 제작해 줄거리 체험을 큐레이션할 수 있습니다.

주목해야 하는 이유

실제 위치 위에 이 메타버스 세계를 배치하는 것이 익숙하기 때문에 슈퍼월드(SuperWorld)는 NFT 구매자, 특히 실제 위치에 정서적으로 연결된 구매자에게 매력적인 옵션입니다. 그러나 이 플랫폼은 여전히 새롭고 상당한 수익을 창출할 수 있는 능력(2차 시장에서 부동산을 매입하고 이전하는 것 외에)은 잘 알려져 있지 않거나 테스트되지 않았습니다. 전반적으로 슈퍼월드나 이와 유사한 탈중앙화 플랫폼이 일찍이 AR과 지리적 위치 장르에서 초기 포켓몬고의 성공을 이용하여 엄청난 인기를 끌 수 있는 잠재력이 있습니다.

액시 인피니티(Axie Infinity)

액시 인피니티는 베트남의 스튜디오 스카이 마비스(Sky Mavis)가 개발한 '플레이투언(play-to-earn, 역자주: 게임을 하면서 수익을 얻는)'으로 판매되는 분산형 게임으로, 게임플레이가 포켓몬을 강하게 연상시킵니다.

이 게임은 이미 일일 이용자 수 100만 명을 돌파했으며 탈중앙화 게임 분야의 글로벌 선두주자입니다. 이 게임에 대한 대중의 관심은 특히 필리핀에서 바이럴 채택(viral adoption)에 의해 주도되었습니다. 이러한 대량의 채택은 2021년 5월 카바나투안시(Cabanatuan City)의 필리핀인들이 이 게임을 통해 건실한 수입을 얻는 유튜브 영상을 게시한 이후 시작되었습니다. 게시 일주일 만에 이 이야기는 VentureBeat, CNBC, Hypebeast와 다수의 필리핀 현지 뉴스 사이트에 소개되었습니다.

이 게임은 또한 댈러스 매버릭스(Dallas Mavericks)의 구단주이자 TV 쇼인 '샤크 탱크(Shark Tank)'의 주요 투자자인 마크 쿠반(Mark Cuban)으로부터 투자를 받는 등 세간의 이목을 끄는 후원을 받고 있습니다.

액시 인피니티가 기존 게임 세계와 차별화되는 점은 플레이어가 생태계에 기여한 공로를 보상하는 데 사용되는 블록체인 경제라는 사실입니다. 이를 통해 사용자는 게임 내 자산을 영구적이고 독립적으로 소유할 수 있습니다. 게임 내에서 자산과 통화 소유권을 고정시키는 대신 플레이어는 자산을 인출해 명목화폐(fiat currency)로 전환할 수 있는 게임 내 통화(AXS 토큰)로 판매할 수 있는 능력을 갖췄습니다.

액시 인피니티는 또한 사람들을 기존 게임으로 돌아오게 하는 동일한 게임플레이 루프로 매력적이고 재미있는 게임 뒤에 블록체인 기능을 정교하게 레이어드합니다. 반대로 블록체인 기술을 우선으로 하고 게임플레이를 그 다음으로 하는 게임은 플레이어 이탈 위험이 높습니다.

게임플레이

이 게임은 루나시아(Lunacia)라고 불리는 가상세계에서 일어나고 액시스(Axies)라고 불리는 작은 생명체들로 가득 차 있습니다. 플레이어들은 상품을 얻기 위해 싸울 뿐만 아니라 액시스를 모으고, 거래하고, 번식시킬 수 있습니다. 게임 속 액시(Axie) 생물은 NFT이며, 게임의 번식역학을 통해 탄생한 액시는 이더리움 블록체인에 고유 NFT로 기록됩니다.

게임은 3개의 주요 채널을 통해 진행되는 게임에 가치를 더하면 모든 참가자가 보상을 받는 더 큰 생태계의 일부입니다.

① **액시 배틀**(Axe Battles): 게임 플레이어들은 컴퓨터로 조작되는 상대나 다른 실제 플레이어들과 싸우기 위해서 서로 다른 기술을 가진 세 마리의 액시들로 이루어진 팀이 필요합니다. 이는 각각의 액시는 다른 플레이어들의 액시와 싸우면서 레벨을 올립니다. 이 전투들은 자동화되어 있어서 갈고 닦을 필요가 없습니다. 플레이어는 전투에서 승리함으로써 보상을 받습니다.
이더리움 스마트 계약에서 플레이어 대 플레이어 전투가 벌어집니다. 배틀이 시작되면 두 명의 플레이어가 원하는 금액(최대 배팅은 현재 잔액의 10%임)을 입찰합니다. 쌍방이 합의하면 경매가 미리 정해진 블록 높이에서 끝나거나 그 전에 둘 중 한 명이 물러날 경우 계약이 자동으로 실행됩니다. 모든 참가자는 자신의 승률과 기여도에 따라 보상을 받습니다.

② **액시 번식**(Breeding Axies): 플레이어들은 플레이하고 배틀함으로써 새로운 액시 NFT를 번식시키는 데 사용될 수 있는 자원을 얻는데, 이 자원은 나중에 전투에 사용되거나 토큰과 교환될 수 있습니다. 번식 메커니즘은 플레이어들이 두 마리의 액시를 함께 번식시켜 '에그(egg)'를 만들 수 있게 하며, 이 에그는 부모에 기반한 세 가지 종류의 유전자[06]를 물려받을 수 있습니다.

③ **랜드**(land): 액시의 고향인 루나시아도 토큰화된 소구역의 땅(plot)으로 나뉩니다. 이러한 플롯은 플레이어들의 액시에게 집

06 우성(D), 열성(R1) 및 소열성 유전자(R2)입니다.

을 제공하며 게임을 통해 얻은 다양한 자원을 사용하여 시간이 지남에 따라 업그레이드할 수 있습니다. 토지 소유자들은 또한 그들의 토지 구획에서 토큰을 찾거나 지도의 다른 부분들에서 발견되는 자원들을 탐험하도록 그들의 액시들에게 일을 시킬 수 있습니다.

주목해야 하는 이유

액시 인피니티는 2021년 이더리움 게임 1위에 등극하며 네트워크 효과와 플레이투언(play–to–earn) 시스템에 힘입어 눈부신 성공을 이루었습니다. 다른 분산형 플랫폼의 채택이 가상 부동산에 대한 투기적 관심에 의해 주도된 반면, 액시 인피니트는 게임플레이가 가상세계를 능동적인 사용자로 채우고 번영하는 가상경제를 육성하는 더 빠른 방법임을 입증했습니다. 이 게임이 안드로이드폰, 아이폰, PC와 호환된다는 사실 또한 모든 사람들이 더 쉽게 참여할 수 있게 합니다.

업랜드(Upland)

이 장을 마무리하기 위해 업랜드에 대해 간단히 언급할 가치가 있습니다. 이 블록체인 게임은 투자자로서 피해야 할 미디어 과대광고 등 위험요소에 대한 통찰을 제공하는 중요한 사례연구입니다.

슈퍼월드(SuperWorld)와 마찬가지로 업랜드의 플레이어들은 실제 주소를 기반으로 가상자산을 구매, 수집, 판매 및 거래할 수 있습니다. 그러나 세계 지도는 그래픽 표현이며 증강 및 가상현실 하드웨어와 호환되지 않습니다. 플레이어의 토지 소유권이 블록체인에 기록되며 업랜드 게임 내 화폐 유플렉사(uPlexa, UPX) 형태로 발행된 과제를 완료하면 보상받을 수 있습니다.

이 게임은 2021년 초에 언론의 주목을 받았지만 이후 플레이어들의 관심과 UPX 토큰 가치는 하락하였습니다. 유료 마케팅 채널과 미디어 보도를 통해 상당한 사용자 확보가 이루어졌음에도 불구하고, 이 프로젝트는 사용자들을 붙잡기 위해 고군분투해 왔습니다. 일부 문제는 게임 개발자들이 웹사이트에 나열된 약속된 기능 업데이트를 제공할 수 없다는 것이지만, 더 큰 문제는 게임을 할 커뮤니티와 일반적인 인센티브의 부족으로 보입니다.

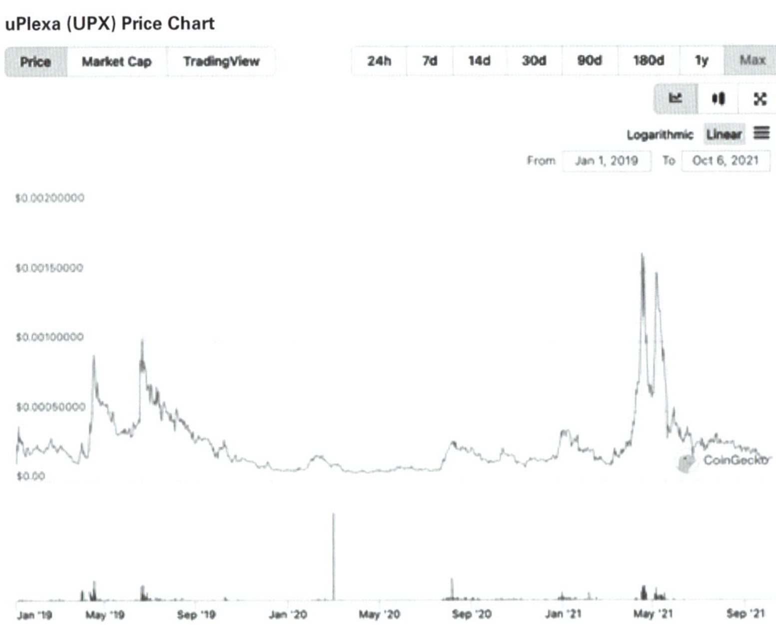

2019년 1월부터 2021년 9월까지 UPX 토큰 차트

미디어 보도와 유료 광고가 전통적인 게이머를 획득하는 검증된 방법인 반면, 가상세계와 사용자 생성 콘텐츠 게임은 가치를 더하고 새로운 사용자를 끌어들이기 위해 강력하고 활동적인 커뮤니티를 필요로 합니다.

액시 인피니티가 입소문이 난 이유 중 하나는 사용자들이 게임으로부터 상당한 경제적 가치를 끌어내고 있다는 사실이었고 이것은 다른 사람들이 게임에 참여하고 기업가들이 게임 내에서 상업적 노력을 하도록 장려했습니다. 이러한 유기적인 활동은 자연스럽게 다른 사용자들의 참여를 유도하며 강력한 가상 경제 구축에 도움을 줍니다.

이 장을 마무리하기 위해, 이 책에서 논의된 프로젝트 중 일부는 메타버스를 구축하기 위한 경쟁에서 현재 선두를 달리고 있지만, 그들이 앞으로도 계속 성장하고 살아남을 것이라는 보장은 없다는 것을 유념할 필요가 있습니다. 인터넷 초기 단계와 마찬가지로 구글이 온라인 검색에서 야후(Yahoo)와 애스크 지브스(Ask Jeeves)를 앞지른 것처럼 새로운 경쟁자들이 과거 플레이어를 대체할 것입니다. 그럼에도 불구하고 웹 2.0의 승자독식에 비해 메타버스에 다수의 플레이어들이 존재할 기회가 더 많을 수 있습니다.

6장

메타버스: 다음 빅씽을 위한 준비

네트워크 이론

6장 네트워크 이론

네트워크 이론(network theory)은 블록체인 산업에서 일반적인 관점(lens)이며 메타버스의 성장을 이해하기 위한 많은 응용 프로그램이 있습니다.

생물학적 유기체부터 페이스북 소셜 커넥션에 이르기까지 다양한 시스템을 이해하기 위한 흥미롭고 강력한 이론으로서, 네트워크 효과는 이미 암호화폐, NFT, DiFi(분권화된 금융), 메타버스 세계를 포함한 웹 3.0 프로젝트의 사용자 채택에 기본이 되었습니다.

네트워크 이론은 일반적으로 노드(nodes)와 에지(edge)가 있는 그래프를 말합니다. 프로젝트 또는 커뮤니티는 그래프로 표현되며, 그래프의 노드는 개별 사용자 또는 다른 주제를 나타내고 에지는 이러한 노드 간의 유대를 나타냅니다. 노드는 크기 · 지름에 의해 결정되는 결합 강도 또는 무게를 갖는 동시에 각각의 네트워크에서 얼마나 중심적인지에 따라 '순위'가 있습니다. 많은 프로젝트의 핵심 과제는 누가 관련된 핵심 노드 또는 영향력 행사자인지 결정하는 것입니다. 이 작업은 간단하지 않지만 사이토스케이프(Cytoscape)와 게피(Gephi)와 같은 소프트웨어 도구를 사용하여 수행할 수 있습니다.

반면 에지(edges)는 각 사람이 서로 연결하는 횟수를 결정합니다. 그래프에 노드가 하나만 있으면 에지가 없고 네트워크에는 아무런 가치가 없습니다. 예를 들어, 단 한 명의 사용자만 있고 에지 연결이 없을 경우 잘 작동하지 않습니다. 두 번째 노드를 추가하는 경우 두 노드를 결합하는 에지를 통해 첫 번째 노드에 연결하려는 경우 네트워크가 가치가 있습니다. 이제 여러분은 하버드대 기숙사 방에서 마크 저커버그(Mark Zuckerberg)와 직접 대화할 수 있습니다. 그러나 세계의 절반이 원래 노드나 다른 여러 노드에 연결된다면 네트워크는 갑자기 지구상에서 가장 가치 있는 네트워크 중 하나가 됩니다.

노드 수 및 에지 수 증가에 따라 네트워크가 대중화되면 네트워크 위에 페이스북 미니게임과 같은 제품과 서비스를 구축하기 시작할 수 있습니다. 연결된 사람이 많을수록 네트워크는 가치를 창출할 가능성이 커집니다. 노드가 추가될수록 네트워크의 가치도 기하급수적으로 증가할 수 있습니다. 이것은 메트칼프 법칙(Metcalfe's Law)으로 알려져 있으며, 노드나 사람 수뿐만 아니라 네트워크 간의 연결 수를 기준으로 네트워크를 평가해야 함을 시사합니다.

예를 들어, 페이스북이 더 많은 사용자를 확보한다면, 페이스북은 친구들에 대한 늘어나는 수요나 늘어난 효용성을 통해 더 많은 가치를 얻게 될 것입니다. 이러한 자체 강화 루프(self-reforcing loops)는 일단 시장 모멘텀을 얻으면 깨지기 매우 어렵습니다.

이러한 유형의 네트워크의 또 다른 예는 코인마켓캡(coinmarketcap.com)과 같은 암호화 웹사이트에서 볼 수 있습니다. 이 웹사이트는 다양한 암호화폐의 순위를 매기고 추적하며 가격, 시가총액, 거래량 등의 정보를 제공합니다. 이 정보는 어떤 프로젝트가 관심을 끌고 있는지(시장가치) 확인할 수 있어 해당 프로젝트에 투자할 가치가 있는지 또는 다른 용도로 사용할 가치가 있는지 여부를 결정할 수 있기 때문에 중요합니다. 웹사이트는 광고 수익을 창출하지만, 블록체인 프로젝트들이 코인마켓캡 사이트에 트래픽이 상당할 정도로 이용자 기반을 키웠을 때만 가능합니다. 다시 말해, 네트워크 효과가 없다면 이러한 유형의 웹사이트 주변의 번성하는 암호화 커뮤니티는 존재하지 않을 것이며, 이것은 그들에게 고유의 가치를 제공합니다.

메타버스 프로젝트의 잠재적 가치 평가에 있어서는 제휴 네트워크가 이들 프로젝트의 성장 또는 쇠퇴에 어떤 영향을 미치는지 살펴볼 수 있습니다. 사람들이 트위터, 레딧 등 소셜 미디어 사이트를 통해 개별 메타버스 프로젝트에 대한 정보를 어떻게 전파하고 있는지 살펴봄으로써 이를 수행할 수 있습니다. 우리는 또한 사람들이 유튜브 영상을 만들거나, 기사를 쓰거나, 디스코드(Discord) 채팅 그룹에 참여하거나, 특정 메타버스에 대한 팟캐스트를 녹음하는 것을 볼 수 있습니다. 이들 매체는 모두(이미 존재하는 사용자 외에도) 메타버스 생태계에 외부 트래픽과 인식을 제공하기 때문에 제휴 네트워크 또는 추천 시스템으로 분류할 수 있습니다.

제휴 네트워크는 바이럴 마케팅을 통해 프로젝트의 성장에 영향을 미치며, 이러한 플랫폼은 대규모 사용자 커뮤니티를 신속하게 구축할 수 있습니다. 그러나 업랜드(Upland) 가상 랜드 게임에서 경험했듯이 무언가가 커뮤니티 구성원 간의 거래를 중단시키는 경우, 얼리어답터 모두를 잃지 않도록 프로젝트는 바이럴 마케팅 이후에 대해 고려하는 것이 매우 중요합니다.

네트워크 이론에서 다음으로 중요한 측면은 문턱효과(threshold effects)인데, 이는 중소형 네트워크와 대형 네트워크의 차이가 큰 부분을 말합니다. 다시 말해, 두세 명이 연결되기는 쉽지만, 일단 10명 이상의 참여자들로 이루어진 그룹이 생기면, 특히 개개인의 목표를 가지고 모든 사람이 함께 일할 것이라고 장담할 수 없을 때, 점점 더 큰 그룹을 관리하기 어려워지면서 역학관계가 바뀌기 시작합니다. 그렇기 때문에 블록체인 기술 전체가 네트워크 이론의 렌즈를 통해 엄격히 바라볼 때 본질적인 한계에 부딪히게 됩니다.

블록체인은 정의상 모든 사람이 동일한 규칙 · 프로토콜을 따르는 네트워크를 말합니다. 문제는 대부분의 사람들이 그렇게 하는 것이 그들에게 가장 이익이 되지 않는 한 그 규칙들을 따르도록 장려되지 않는다는 것입니다. 항상 그렇지는 않겠지만, 플레이어들이 플랫폼에서 어떻게 상호작용할 수 있는지에 대한 약간의 여유가 없다면, 인간은 반드시 시키는 대로 하지 않는 복잡한 생명체이기 때문에 문제에 부딪힐 수밖에 없습니다. 다만 블록체인 기술은 투표, 공급망 관리, 기록 · 소유권 저장 등의 형태로 긍정적인 활용 사례가 있어 신뢰와 중재가 기업과 개인 모두에게 가치를 제공하는 분야입니다.

네트워크 효과는 또한 돈을 지불하지 않고 상품을 이용하는 '무임승차' 형태의 잠재적 단점을 가지고 있습니다. 이 문제는 오픈 소스 플랫폼에서 발생하는데, 이는 일부 참가자들이 코드 기반에 기여하지 않고 무료[01]로 사용하기 때문입니다. 이는 직원을 한 명도 고용하지 않고 세

01 이것이 항상 문제는 아닙니다. 리눅스 커널 코드 기반은 수억 명의 사용자를 보유하

금도 내지 않고 상품만 팔아 수익을 내는 회사와 유사합니다.

메타버스 측면에서, 사용자들이 비즈니스 모델 개발, 커뮤니티 기반의 의사결정 그리고 물론 사회적 상호작용을 통해 메타버스에서 가치를 창출하는 것이 중요합니다. 사용자가 생성한 세계는 가치를 구축하고 더 많은 사용자를 플랫폼으로 끌어들이기 위해 다양한 창작자의 대량의 콘텐츠 제작이 필요합니다. 대부분의 부동산 소유권이 전문 투자자에 의해 소유되고(현실세계에서 너무 바빠서 가상세계를 탐험할 수 없음) 그러한 부동산이 수동적인 투자 수단으로 공석으로 남겨진다면, 새로운 사용자가 해당 세계에서 시간을 보내고 경제 및 생태계에 기여할 동기가 거의 없습니다.

네트워크 효과는 플랫폼이 사용자 기반을 늘리고 제휴 네트워크가 트래픽을 해당 생태계에 밀어넣는 형태로 영감과 가치를 제공함으로써 수요 · 편의성을 증가시킬 수 있기 때문에 가상 커뮤니티의 성장과 프로젝트 개발에 중요한 역할을 합니다. 또한 네트워크 전체에 동등하게 분산된 인센티브 없이 메타버스 세계를 구축하기 어렵습니다. 이것이 바로 온라인에서 제공되는 새로운 가상세계가 채택과 커뮤니티 성장을 장려하기 위해 최저가격에 가상 토지를 제공하는 이유입니다.

네트워크 효과와 제휴 네트워크는 이러한 가상세계가 실제로 사람들에게 필요한 기본 경험이나 서비스를 가지고 있을 때만 커뮤니티를 성장시킬 수 있도록 허용한다는 점을 이 시점에서 되풀이하는 것이 중요합니다. 가상세계가 가치 있는 것을 가지고 있지 않다면, 잠재고객

고 있지만 프로젝트 기여자는 100,000명 미만일 것입니다. 하지만 여전히 오픈 소스 프로젝트로서 효과적으로 작동합니다. 사실 리눅스 커널에서 계속 작업하려는 자극은 크고 까다로운 개발자 기반에서 비롯됩니다.

들이 그 프로젝트에 대해 알 방법이 없기 때문에 제휴 네트워크가 많은 관심을 얻는 것은 불가능합니다.

결과적으로 이 장의 가장 중요한 결론은 메타버스 채택이 기본 사용자 가치에 크게 의존하고, 이는 성장을 위한 도구로서 네트워크 효과와 제휴 시스템에 의존한다는 것입니다. 이를 위해 우리는 광범위하게 분산된 인센티브 시스템을 갖춘 액시 인피니티(Axie Infinity)와 같은 가상 게임 세계가 가상 토지 소유로부터 이익을 얻을 수 있는 사용자 수에 제한이 있는 디센트럴랜드(Decentralland)보다 광범위한 채택을 위한 더 큰 촉매제가 될 것이라고 기대할 수 있습니다.

남반구에서 채택

논의한 바와 같이 추세가 성장하기 위해서는 더 많은 사람들이 참여하고, 공유하고, 기여할 수 있도록 인센티브를 네트워크 전체에 확산시킬 필요가 있습니다. 선진국에서는 일부 관찰자들에 의해 '현실적 특권'으로 분류되는, 그들이 이미 이용할 수 있는 직접적 관계, 위치, 경험을 중시하기 때문에 보통 시민들은 대안세계의 개념에 거부감을 느낍니다.

게다가 누군가에게 그들의 마음을 바꾸고 동료들이 다르게 생각하도록 이끌도록 설득하는 것은 그 사람의 집단을 바꾸라고 요구하는 것과 같고 그 결과가 외로움이라면 아무도 자신의 세계관을 수정하고 싶어 하지 않습니다.

그러나 그 이야기는 남반구에서는 다소 다릅니다(글로벌 경제에서 저소득층과 정치적으로 또는 문화적으로 소외될 가능성이 더 높은 라틴 아메리카, 아시아, 아프리카 및 오세아니아 지역을 설명하는 데 사용되는 용어), 어떤 사람들에게는 대안세계가 자신의 세계보다 더 많은 기회, 새로운 경험, 더 활기찬 환경을 제공합니다.

글을 쓸 당시 액시 인피니티(Axie Infinity)를 플레이하며 매달 500달러 토큰을 버는 게이머들의 리그가 있었습니다. 이것은 이 게이머들의 삶을 바꾸는 수입원입니다. 2021년에는 일일 활동 사용자 100만 명 중 약 50%가 필리핀[02]에 거주하고 있습니다. 그러므로 메타버스는 휴대전화와 적정한 인터넷 연결만 있으면 누구나 접근할 수 있는 필리핀과 같은 국가에서 채택될 가능성이 큽니다.

블록체인 게임 커뮤니티도 이용 가능한 초기 자본이 부족한 이용자들을 참여시키고 보상을 할 수 있는 혁신적인 방법을 찾고 있습니다. 액시 인피니티를 하려면 모바일 게이머들이 1,000달러 이상을 투자해 액시스(Axies)의 선발 팀을 구성해 게임을 진행해야 합니다. 이러한 진입장벽을 극복하기 위해 액시스의 기존 소유자들이 다른 게이머들에게 디지털 자산을 빌려주고 잠재적인 당첨금의 일정 비율을 받을 수 있는 비공식 시장이 생겨났고, 수익은 일반적으로 60:40, 50:50 또는

02 일반적으로 언론의 과대 광고 속에서 논의되지는 않지만, 50% 이상의 플레이어가 가상세계를 주요 수입원으로 취급할 경우 문제가 발생할 수 있습니다. 만약 가상세계나 게임이 플레이어들에게 진지한 사업이라면, 그들은 레크리에이션 플레이어들이 참가하지 못하게 하는 방식으로 게임을 할 가능성이 더 높습니다. 그렇긴 하지만 다른 플랫폼들은 이전에도 이와 같은 상업적 행태에서 살아남았습니다. 월드 오브 워크래프트(World of Warcraft)는 수년간 '계정 재판매' 경제가 번창했습니다. 2000년대 중반에는 판매할 자원을 찾기 위해 고군분투하는 플레이어 대부분이 중국에 기반을 두고 있었으며, '중국 금광부(Chinise Gold Miners)'에 대한 농담이 난무했습니다. 이는 월드 오브 워크래프트를 무너뜨리지 못했는데, 그 이유는 세계가 너무 넓고 개방적이어서 상대적으로 '전리품을 노리기 위해' 그곳에 있는 소수의 플레이어들이 더 많은 플레이어들을 방해하지 않았기 때문입니다. 그러나 게임 개발자의 관점에서 오락적인 플레이어와 상업적인 동기 부여 플레이어 간의 균형을 고려하는 것이 중요합니다.

70:30으로 나뉘었습니다.

종종 '장학금'이라고 불리는 이 계획은 액시(Axie) 소유주(일반적으로 관리할 시간보다 더 많은 Axies를 소유)가 디지털 자산으로부터 활용도와 수익을 높일 수 있도록 하며, 새로운 사용자와 숙련된 플레이어 간에 지식과 기술을 쉽게 이전할 수 있도록 도와줍니다. 수익을 극대화하기 위해 Axie 팀의 소유주들은 최고의 조합과 효율적으로 자원을 경작하는 방법을 포함한 팁을 제공하고 학자들과 지식을 공유할 인센티브를 받습니다. 또한 학자들은 게임의 베테랑들과 직접 소통하여 암호화폐 지갑 관리나 토큰 현금화 방법 등 기술 관련 문제를 해결합니다.

게임의 비공식 서비스로서 매칭은 현재 게임 클라이언트와 대시보드 밖에서 직접 관계(동료, 친지, 페이스북, 트위터, 레딧, 유튜브, 디스코드 연락처 등)를 통해 이루어지며, 보다 일반적으로는 자산을 구입하고 대여하거나 제3자 매칭 서비스를 제공하는 기업가 정신의 길드를 통해 이루어집니다. 서비스, 예를 들어 일드 길드 게임(Yield Guild Game)은 우버와 같은 매칭 시스템을 사용하여 플레이어와 자산 소유자가 쌍을 이룹니다.

메타버스 프로젝트도 VR 기술을 통해 다른 장벽을 줄일 수 있는 잠재력이 있습니다. 가상세계가 이러한 목적으로 어떻게 사용될 수 있는지 예를 들어보기 위해, 우리는 전 세계 사람들이 주요 도시를 여행할 필요 없이 방문할 수 있도록 실제 도시 랜드마크가 복제되거나 가상 복사본으로 대체되는 것을 볼 수 있습니다. 이는 많은 개발도상국 내에서 관광이 3대 산업으로 꼽히면서 개도국들이 실제 여행을 할 여유가 없는 방문객들로부터 관광수익을 높일 수 있는 가상 도시를 조성할 수 있게 됨으로써 경제적 혜택은 물론 현지 관광가이드 등의 일자리도 제공하게 된다는 것을 의미합니다.

또한 기업이 제품이나 서비스의 가상 복사본을 생성하고 실제 제품이 만들어지기 전에 작동 방식을 보여줌으로써 가상 환경을 사용하여 실제 비즈니스 운영을 개선할 수 있습니다. 이러한 솔루션은 제품의 가상 복제품을 제공하고 초기 비용을 절감하는 것은 물론 잠재적인 고객에게 실제 프로토타입을 보내지 않고도 제품이 어떻게 생겼는지 또는 작동하는지를 보여줌으로써 한 나라의 경제와 기존 시장을 연결하는 데 도움이 될 것입니다.

많은 나라에서 메타버스는 아바타의 사용을 통해 현재의 온라인 학습 시스템을 개선하는 데 도움이 될 것으로 기대되며, 이는 학생들이 실제로 그곳에 있지 않아도 강의를 들을 수 있게 합니다. 예를 들어, 중국에서는 중국의 농촌 인구가 온라인으로 정보에 접근하도록 돕고 경험 많고 박식한 교사를 보다 확장 가능한 방식으로 활용하기 위해 메타버스를 개발하려는 초보적인 계획이 있습니다.

7장

메타버스: 다음 빅씽을 위한 준비

메타버스 비즈니스 모델

7장 메타버스 비즈니스 모델

인터넷은 우리가 이전에 갖지 못했던 많은 새로운 서비스를 탄생시켰고 이러한 서비스가 축적되어 우리는 제2의 인터넷 시대 또는 웹 2.0이라고 부를 수 있습니다. 이러한 서비스에는 소셜 미디어 네트워크, 전자상거래, 스포티파이(Spotify) 및 판도라(Pandora)와 같은 음악 스트리밍 서비스, 크라우드 펀딩 플랫폼, 라이브 스트리밍 등이 포함됩니다.

그러나 가상현실이 점차 증가하고 소비자가 사전 주문하는 VR 헤드셋이 그 어느 때보다 많아지면서 기업가들이 새로운 신흥 시장에 뛰어들려고 하는 것은 놀라운 일이 아닙니다. 지온 마켓 리서치(Zion Market Research) 보고서에 따르면 전 세계 증강 및 가상현실 시장은 2025년까지 약 8,147억 달러로 성장할 것으로 예상되며, 이는 COVID-19 발병 이전의 2018년 가치인 267억 달러를 훨씬 뛰어넘는 것입니다.

메타버스는 아직 초기 단계이지만 신속하게 행동하고 인내심을 갖고 업계가 성숙하기를 기대하는 사람들에게는 많은 수익성 있는 비즈니스 기회가 기다리고 있습니다. 조만간 web 3.0 기술을 기반으로 구축된 새로운 서비스와 비즈니스 모델 외에도 실생활에서 가능한 거의 모든 것이 메타버스에서 복제될 것입니다.

메타버스가 주류로 전환되면 메타버스에서 어떤 일이 일어날지 아무도 예측할 수 없습니다. 현재로서는 여기에서 어떤 새로운 비즈니스 모델이 나타날지 추측만 할 수 있습니다. 사람마다 유사한 기술에 대한 이전 경험을 기반으로 자신만의 예측이 있지만 궁극적으로 우리는 그것이 대단할 것이라는 것을 알고 있습니다. 지금부터는 이미 사용 가능하고 현재 개발 중인 비즈니스 모델 중 일부를 살펴보겠습니다.

가상 상품

가상 상품의 거래는 진화하는 메타버스에서 이미 번성하고 있는 보다 확고한 비즈니스 기회 중 하나입니다. 공급망 부족, 운송비용, 윤리적이고 지속 가능한 관행에 대한 우려, 물리 법칙(예: 중력)과 무관한 가상 상품은 높은 마진과 거대한 잠재 시장을 제공합니다.

가상 상품에는 가상세계에만 존재하는 디지털 의류, 신발, 액세서리, 무기, 가구, 가전 제품 및 기타 개체가 포함됩니다. 예를 들어, 가상 안면 마스크는 전염병 퇴치를 위한 기금 마련을 위한 바이낸스(Binance)와의 파트너십의 일환으로 2020년 디센트럴랜드(Decentraland)에서 웨어러블로 판매되었습니다. 한편, 세컨드라이프(Second Life)는 온라인 시장에서 200만 개 이상의 가상 아이템을 선보였습니다.

구찌(Gucci)가 로블록스(Roblox)에 구찌 가든(Gucci Garden)이라는 매장을 열면서 이미 잘 알려진 명품 및 소비자 브랜드에 대한 브랜드 활성화가 진행 중입니다. 예를 들어, 2021년 로블록스에서 디지털 구찌 가방이 4,000달러에 판매되었습니다. 아디다스(Adidas)를 비롯한 다른 브랜드도 메타버스 및 가상 상품으로의 확장을 따라가고 있습니다.

미래에는 디지털 패션에 도전하는 브랜드들이 메타버스 안에서 착용할 수 있는 아이템을 디자인하는 데 더욱 혁신적이고 지능적이 될 것으로 기대됩니다. 이탈리아의 럭셔리 패션 브랜드 오프화이트(off-white)의 설립자인 버질 아블로(Virgil Abloh)는 "색칠이 가능한 가상 옷을 구매자들이 그들이 누구이고 어디에 사는지, 그들이 사랑하는 가상세계에 상관없이 그들의 개인적인 스타일의 새로운 차원에 접근할 수 있기를 원한다"라고 이야기합니다.

가상 몰

온라인 쇼핑은 보통 혼자 하는 활동이지만, 이것은 가상 상점과 쇼핑몰의 확산과 함께 변화하고 있습니다. 쇼핑객들은 한 장소에서 가상 옷을 쇼핑하고, 그들이 가장 좋아하는 브랜드를 방문하고, 전 세계 친구들과 함께 가상 예술을 감상할 수 있습니다.

실제 세계에 비해 쇼핑객들은 훨씬 적은 시간과 마찰로 수십 개의 상점을 방문할 수 있을 것입니다. 한 가설은 소비자들이 쇼핑 경험 동안 대기행렬, 폐점시간, 트롤리 대여, 화장실, 직원 부족 그리고 현실세계에서 마주치는 많은 장애물과의 마찰 없이 더 잘 인식하고 반응하리라는 것입니다.

가상 소매 공간의 초기 경쟁자 중 하나는 레드폭스 랩스(Redfox Labs, www.redfoxlabs.io)인데 동남아시아에서 가상 소매 쇼핑의 채택을 주도하기를 희망합니다. 120개의 상점(각각 자체 NFT로 생성됨)으로 구성된 레드폭스 랩스는 참여 브랜드가 다른 참가자로부터 상점을 구매하거나 임대할 수 있는 버추얼 스페이스(Virtual Space)라는 쇼핑몰을 오픈합니다. 여기에는 시간당 또는 지정된 프로모션 기간 동안 상점을 임대할 수 있는 기능이 포함됩니다.

디지털 아트

디지털 아티스트에게 메타버스는 3D 공간에서 예술을 전시하고, 관심 있고 현금이 있는 구매자에게 다가갈 수 있는 이상적인 플랫폼을 제공합니다. 아티스트들은 아바타가 구매하고, 찾아보고, 심지어 음성 채팅을 통해 아티스트와 직접 대화할 수 있는 디센트럴랜드와 크립토복셀을 포함한 모든 주요 세계에 자신만의 가상 갤러리를 열 수 있습니다.

또한 메타버스는 아티스트들에게 커뮤니티를 구축하고 디지털 이벤트를 개최할 수 있는 플랫폼을 제공합니다. 인기몰이 중인 '지루한 원숭이들의 요트클럽(Bored Ape Yacht Club)' NFT 아트 프로젝트가 탈중앙화된 플랫폼 안에서 토지 취득과 행사 개최를 위한 투자를 진행하는 이유 중 하나입니다. 여기에는 더 샌드박스에서 구입한 땅에 그들만의 클럽을 건설하는 것도 포함되며, 소설 '스노 크래시(*Snow*

Crash)'에서 묘사된 독점적인 블랙선(Black Sun) 클럽과 비슷하게 메타마스크(MetaMask) 지갑에 지루한 원숭이 NFT를 소지한 사람들을 위한 입장권이 예약되어 있습니다.

세계에서 가장 오래된 경매장인 소더비(Sotheby's)도 디센트럴랜드(Decentraland)의 볼테르 예술 구역(Voltaire Art District)에 런던 뉴본드 스트리트 갤러리(London New Bond Street Galleries)의 디지털 복제품을 만들었습니다.

소더비의 전문가이자 영업 책임자인 마이클 보우한나(Michael Bouhanna)는 2021년 개장식에서 다음과 같이 말했습니다. "근본적으로 희소하고 독특하지만 누구나 볼 수 있도록 접근할 수 있는 예술을 선보입니다."

온라인-오프라인 & 전자상거래

인터넷의 웹 3.0 시대에는 오늘날 우리가 알고 사랑하는 많은 전자상거래 웹사이트가 3D 세계에서 가상으로 존재할 가능성이 높으며, 이는 전자상거래 웹사이트에서 판매되는 제품의 2D 이미지 및 온라인 카탈로그에 대한 오늘날의 의존도를 대체하고 있습니다.

푸드 아울렛을 포함한 기업들은 메타버스에서 존재감을 창출함으로써 점점 더 온라인-오프라인(O2O) 모델을 채택하려고 할 것입니다. 예를 들어, 도미노 피자(Dominos Pizza)는 미국에 위치한 사용자들이 자신의 키오스크에서 피자를 주문한 뒤 자신의 실제 주소로 직접 배달된 음식을 즐길 수 있는 작은 키오스크 아울렛을 디센트럴랜드에 오픈했습니다.

동시에 브랜드들은 코트걸이와 마네킹과 같은 기존의 제조간접비 없이 무인 매장을 24시간 운영함으로써 전통적인 온라인 커머스의 많은 이점을 활용할 수 있습니다. 드레스와 다른 품목들은 중력에 의해 고정되지 않은 채 간단히 메타버스 아울렛에서 공중에 떠 있을 수 있습니다.

한편, 고객은 실제 세계와 연결되는 새로운 구매자 경험의 일환으로 몰입감 높은 3D 렌더링 환경에서 옷을 입어보고 제품을 볼 수 있습니다. 메타버스에서 제품을 입어보고 결제한 후, 소비자는 실제 세계에서 우편으로 구매한 상품을 받을 수 있습니다.

가상 환경에서 옷을 입어볼 수 있는 능력은 잘못된 사이즈로 인한 반품 구매를 줄이고 반품 품목이 환경에 미치는 부정적인 영향(즉, 낭비되고 재활용되지 않은 포장, 운송 관련 탄소 배출, 전자상거래를 통해 구입한 반품 품목의 파기)을 줄일 것으로 기대됩니다. 미국에서만 모든 온라인 구매의 최대 30%가 반품 배송으로 매년 1,500만 메트릭톤 이상의 이산화탄소 배출량을 발생시키고 있습니다(자동차 300만 대 배출량과 맞먹습니다).[01]

가상 부동산 개발

가상 부동산은 이전 장에서 논의했듯이 메타버스 분야에서 엄청난 상업적 잠재력을 가지고 있습니다. 웹사이트 도메인과 비슷하게, 가상

01 젬마 알렉산더(Gemma Alexander), 온라인 반환의 환경비용, https://earth911.com/business-policy/the-environmental-cost-of-online-returns/, Earth911, accessed June 6, 2021.

토지는 가상 몰, 소매점, 카지노 그리고 많은 다른 수익성 있는 메타버스 비즈니스 모델의 디지털 기반 역할을 할 것입니다.

가상 부동산 개발업자들에게는 부동산이나 지구라고 불리는 토지의 상호 연결된 부지를 소유함으로써 인센티브와 상업적 이득이 있습니다. 이는 단순히 지도의 가치 있는 부분을 찾아보는 것이 아니라 고유한 가치를 창출하고 공유된 비전을 구현하기 위한 것입니다.

개발자들은 서로 인접한 토지의 플롯을 소유함으로써 공유된 관심사나 공통 테마를 중심으로 지구를 만든 다음 대상 사용자들을 지도상의 그들의 좌표로 유도할 수 있습니다. 예를 들어, 엔터테인먼트 구역은 VR 영화관, 게임, 소셜 미팅, 음악 콘서트 및 기타 라이브 공연으로 채워질 수 있습니다. 스포츠와 관련하여, 지정된 구역은 디지털 스포츠를 하거나 FIFA 월드컵과 같은 현실세계에서 일어나는 스포츠를 볼 수 있는 장소를 제공할 수 있으며, 현실세계의 경기장은 메타버스에 디지털 트윈(digital twin)이 있습니다. 또한 특정 팀, 리그 또는 스포츠에 전념하는 특별한 이웃이 있을 수 있으며, 스포츠 클럽과 팀의 유니폼 및 기타 디지털 상품을 선보이는 공식 아울렛을 포함하여 공통의 관심사에 참여하고 사교하는 공공 장소가 있을 수 있습니다.

디센트럴랜드(Decentraland) 내부에 있는 구역의 예로는 드래곤 시티(Dragon City) 및 차이나 시티(China City)(중국 문화, 건축 및 사회 활동을 촉진), 스포츠팬존(SportsFanZone), 패션 스트리트(Fashion Street), 베이거스 시트(Vegas City), 놀이 공원, 대학 및 박물관이 있습니다. 이러한 고유한 지역을 통해 방문자는 관련 콘텐츠 및 경험을 빠르게 발견하고 액세스할 수 있으며 지역 개발자 및 토지 소유자를 위한 트래픽이 많고 귀중한 자산을 구축할 수 있습니다.

각 세계에서 야심 찬 가상 부동산 거물은 일반적으로 미래 지구를 보존하고 형성하기 위해 대규모 토지 자산을 획득하기 위해 경쟁합니다(때로는 이러한 세계가 대중에게 공개되기 전에도). 여기에는 안시 청(Anshe Chung)과 같은 실제 토지를 소유한 적이 없는 개인과 전문 부동산 회사 및 실제 세계의 전통적인 투자자가 포함됩니다.

디센트럴랜드의 주요 부동산 개발업체이자 투자자는 리퍼블릭 렐름(Republic Realm)으로 2021년 미화 900,000달러[02] 상당의 토지 구매로 헤드라인을 장식했습니다. 리퍼블릭 렐름은 실제 세계의 신용 있는 개인 투자자로부터 자본을 수령함으로써 투자자가 디센트럴랜드 내부를 포함하여 디지털 부동산 투자 및 관리에서 발생하는 가격 상승 및 이익에 참여할 수 있도록 합니다.

디센트럴랜드에 있는 리퍼블릭 렐름의 주력 자산은 도쿄의 하라주쿠 쇼핑 지구에서 영감을 받은 메타주쿠(Metajuku)라는 가상 쇼핑 스트립입니다. 메타주쿠에서 디센트럴랜드의 아바타는 디지털 제품, 스킨 및 기타 가상 상품을 구입할 수 있습니다. 디센트럴랜드에 대한 리퍼블릭 렐름의 또 다른 주요 투자는 NFT로 판매되는 개인 섬 모음으로, 리처드 브랜슨(Richard Branson)이 개인 섬을 소유한 경험을 제공하고 해당 NFT 소유자로 제한된 독점적인 해변 클럽에 액세스할 수 있습니다.

디센트럴랜드 및 기타 메타버스 플랫폼에 대한 투자를 통해 리퍼블릭 렐름은 새로운 가상 브랜드 생성과 인터넷의 새 시대를 지배할 드

---

02 리퍼블릭 렐름(Republic Realm)이 이미 다른 기존 부동산 투자에 5억 달러를 보유하고 있다는 점을 감안할 때 이것은 여전히 상대적으로 작은 베팅입니다.

래스엑스(DressX)[03]를 포함한 기존 암호화폐 네이티브 브랜드의 성장에서 이익을 얻기를 희망하고 있습니다. 참고로 리퍼블릭 렐름은 리퍼블릭 렐름 아카데미(Republic Realm Academy)에서 메타버스와 NFT에 대한 일련의 온라인 과정도 운영하고 있습니다.

디센트럴랜드의 또 다른 중요하고 주목할 만한 토지 소유자는 메티(Matty, DCL Blogger)입니다. 그는 2017년에 토지를 이전하기 시작했고 결국 디센트럴랜드 부동산 시장에서 거래에 풀타임으로 집중하기 위해 직장을 그만뒀습니다.

마찬가지로 세컨드라이프(Second Life)에서 안시 청(Anshe Chung)은 2.5년 동안 가상 부동산을 플리핑(flipping, 역자주: 낮은 가격에 집을 구매한 뒤 리모델링을 거친 뒤 되파는 방식)하고 임대하여 초기 투자 9.95달러를 전환한 후 세컨드라이프에서 최초로 실제 백만장자가 된 것으로 유명합니다.

분산 게임

온라인 게임은 이미 거대하고 수익성이 높은 시장이며 더 샌드박스(The Sandbox) 및 로블록스(Roblox)를 비롯한 많은 기존 게임이 탈중앙화 게임 모델로 전환했거나 전환하는 과정에 있습니다.

다른 게임 플랫폼은 솔라나(Solana) 블록체인에 구축된 대규모 다중 사용자 온라인(MMO) 게임인 스타 아틀라스(Star Atlas, staratlas.com)를 포함하여 블록체인 기반입니다. 언리얼 엔진(Unreal Engine)

---

03 드래스엑스(DressX)는 현재 세계 최대의 디지털 의류 플랫폼 중 하나입니다. 유명 패션 브랜드와 3D 디자이너의 디지털 패션 컬렉션을 보유하고 있습니다.

을 사용하는 실시간 그래픽을 통해 스타 아틀라스는 이미 영화 수준의 비디오 게임 비주얼을 제공하고 강력한 사용자 기반을 확보하고 있습니다.

그러나 이 섹션의 주요 초점은 소규모 게임 개발자입니다. 징가 게임(Zinga Games)이 페이스북(Facebook, 팜빌(Farmville) 포함)에 애플리케이션 기반 게임을 출시하여 성공을 거둔 것과 유사하게, 새로운 게임 개발자는 더 샌드박스(The Sandbox), 넷브르크(Netvrk), 디센트럴랜드(Decentraland) 또는 갈라게임즈(Gala Games)와 같은 분산 플랫폼에서 출시하여 프랜차이즈를 구축하고 노출도를 얻을 수 있습니다.

특히, 게임 개발자는 이러한 분산된 세계 내에서 토지를 구입하거나 임대할 수 있으며 기본 플랫폼과 호환되는 게임 경험을 만들 수 있습니다. 따라서 게임 개발자는 콘텐츠 제작 도구, 토지 구매 · 임대비용, 게임 지역 또는 적절한 위치의 토지 가용성을 포함하여 특정 플랫폼에서 게임을 출시하는 비용과 이점을 저울질해야 합니다.

특히 디센트럴랜드와 같은 분산형 세계가 이 분야에서 기존 게임을 지연시킨다는 점을 고려할 때 그래픽도 중요한 고려 사항이 될 것입니다. 그러나 탈중앙화 플랫폼의 그래픽은 신규 및 기존 플랫폼이 새롭고 강력한 하드웨어를 활용함에 따라 계속해서 개선될 것입니다. 이 하드웨어는 이미지를 현실에 더 가깝게 표시하고 여러 활성 동시 사용자를 위한 고품질 특수효과를 렌더링하는 데 필요합니다.

개발자는 또한 주어진 플랫폼의 사용자 기반에 게임을 가장 잘 맞춤화하는 방법과 해당 플레이어로부터 수익을 올릴 수 있는 능력을 고려해야 합니다. 이를 염두에 두고 수익은 대부분 소액 거래의 형태로 들어오는데, 소액 거래는 게임 개발자가 게임 내에서 게임을 하거나 아이템을 구할 때 약간의 수수료를 부과할 수 있는 기능입니다. 이것은 돈을 버는 확실한 방법이며 입증된 비즈니스 모델을 따르는 것입니다.

도박

도박은 이미 블록체인 카지노, 말(horse) 베팅 게임 등을 통해 가상 세계에 초기 발판을 마련했습니다.

블록체인 카지노는 온라인 도박 웹사이트와 유사하지만 당첨금이 암호화폐로 지급되고 고객은 카지노를 부분적으로 소유하고 해당 카지노의 토큰, 암호화폐를 지분의 형태로 소유하며 지배구조와 의사결정 모두에 관여할 수 있습니다.

이 분야에서 가장 눈에 띄는 프로젝트 중 하나는 최초의 커뮤니티 소유 메타버스 카지노인 디센트럴 게임즈(Decentral Games, https://decentral.games)입니다. 플레이어는 도박에 돈을 지불하고 현지 $DG 토큰으로 상금을 받습니다. $DG 토큰을 보유함으로써 플레이어는 $DG DAO의 멤버십을 통해 카지노를 효과적으로 소유합니다. 이는 $DG 토큰을 보유한 플레이어가 커뮤니티 투표를 위해 제안된 기타 새로운 기능뿐만 아니라 추가할 새로운 게임에 대해 투표하고 결정할 수 있음을 의미합니다.

다른 가상 카지노는 디센트럴랜드 및 솜니움 스페이스를 포함한 많은 분산된 토지 기반 세계에서 찾을 수 있습니다. 디센트럴랜드에는 아타리(Atari)가 2021년에 개장한 장소를 포함하여 다수의 가상 카지노가 대중에게 공개된 자체 베이거스 지구(Vegas Distric)가 있습니다. 사용자들은 슬롯머신, 룰렛, 블랙잭 등 다양한 인기 카지노 게임을 즐길 수 있습니다. 일부 카지노는 심지어 내기를 하거나 룰렛을 돌리는 것과 같은 작업을 사용자에게 설명하는 데 도움을 주는 교대 근무를 하는 딜러(croupier)로 사람들을 고용하기 시작했습니다(디지털 아바타를 통해).

마지막으로 말 베팅은 사용자들이 디지털 말을 사고, 사육하고, 경주를 하고, 거래할 수 있는 NFT 기반 경마 게임인 제디 런(Zed Run, https://zed.run/)의 엄청난 성공으로 입증되었습니다.

그러나 일부 분산된 세계에서는 고객 알기(KYC: Know Your Customer) 정책이 없기 때문에 도박활동이 회색 영역에 존재한다는 점에 유의하는 것이 중요합니다.

예를 들어, 디센트럴랜드와 카지노 소유자들은 현재 사용자의 나이와 거주지를 확인할 수 있는 KYC 인증 절차가 없습니다. 현재 디센트럴랜드는 웹사이트 이용약관 페이지에 다음과 같은 경고를 표시합니다. "온라인 도박[04]이 금지된 관할구역(미국, 중국, 한국 등)에 거주하는 경우, 온라인 도박이 포함된 콘텐츠에 접근하는 것을 삼가야 한다." 또한 같은 페이지에 디센트럴랜드 내에서 미성년자가 도박행위를 하는 것에 대한 경고도 제공합니다.

도박 서비스는 도박을 암호화폐 세탁 수단으로 본 금융행동태스크포스(FATF)의 2020 가상자산세탁 및 테러자금조달(2020 Virtual Assets Red Flag of Money Laundering and Terrorist Financing) 보고서에서도 언급되었고, 온라인 도박 서비스가 이러한 위험을 완화하기 위한 적절한 조치를 취해야 할 필요성이 제기되었습니다.

---

04 디센트럴랜드(Decentraland) 약관, https://decentraland.org/terms/, Decentraland, 2021년 8월 액세스.

건설

특히 개인 섬이나 카지노와 같은 고도로 맞춤화된 창조물을 위해 정교한 구조물을 만드는 데 많은 시간이 소요되는 특성을 고려할 때, 가상 건축가, 복셀 디자이너 및 빌더의 새로운 일자리 경제가 등장하고 있습니다. 이 분야에는 이미 복셀 아키텍트(Voxel Architects), 랜드볼트(LandVault), 폴리고날 마인드(Polygonal Mind)를 비롯한 전문 가상 서비스 제공업체와 업워크(Upwork)나 디스코드(Discord) 채팅에서 작업을 찾는 프리랜서들이 있습니다.

세컨드라이프(Second Life)에서 볼 수 있듯이, 가상 건축 아이디어는 또한 실제 세계에서 건축에 영감을 줄 수 있으며, 플레이어들은 가상세계에서 빌딩을 재창조하기 위해 3D 프린터를 사용합니다.

교육

가상현실과 증강현실의 가장 흥미로운 응용 중 하나는 교육을 위한 활용입니다. 기존 코세라(Coursera) 등 대규모 오픈 온라인 코스(MOOC: Massive Open Online Course) 플랫폼과 기존 대학이 새로운 전달 방식으로 가상 기관을 만드는 것을 보완한 메타버스는 학생들에게 현실과 관련되면서 복잡한 개념을 시각화할 수 있는 능력을 부여해 새로운 교육 영역을 개척할 것입니다. 예를 들어, 미국 산림청(USDA Forest Service)은 사용자들이 실제 세계를 보는 시야 위에 숲의 경계를 오버레이로 볼 수 있는 스마트폰 애플리케이션을 만들었습니다.

유사한 예로는 시뮬레이션된 용암 흐름을 오버레이하여 분화가 발생할 수 있는 위치와 용암 흐름이 다른 지형 기능과 어떻게 상호작용하는지 보여주는 것과 외과 레지던트가 더 빨리 배울 수 있도록 가상 개체를 사용하는 것이 있습니다. 예를 들어, 환자에게 수술 중 제거해야 하는 특정 중요 장기가 있는 경우 가상 힌트를 사용하여 이러한 장기가 어떻게 배치되어 있는지 외과 의사에게 보여줄 수 있습니다.

교육의 또 다른 흥미로운 적용은 가상 시뮬레이션을 통해 공감을 가르치는 능력입니다. 한 예로 2016년 선댄스에서 처음 상영된 영화 '실명에 관한 노트(Notes on Blindness: Into Darkness)'는 이후 시각장애의 감각과 심리적 경험을 통해 이용자를 데려가는 몰입형 가상현실 프로젝트로 각색되었습니다. 일련의 3D 가상 장면을 통해 메타버스는 가상 환경에서 디지털 아바타의 응용 없이는 불가능했던 다양한 인종, 성별 그리고 다른 범주의 사람들의 경험을 이해할 수 있게 할 것입니다.

게다가 메타버스는 사회적 불안 신체적 괴롭힘 또는 현실세계에서 차별을 경험할 수 있는 학생들에게 안전한 장소를 제공합니다.

마지막으로 메타버스 기반 교육이 오프라인 직접 교육의 필요성을 완전히 대체할 가능성은 낮지만, 과외와 양질의 교육에 접근할 수 없는 사람들과의 격차를 줄이는 데 도움이 될 것입니다.

이벤트

가상세계는 여전히 반사회적이라는 평판이 남아 있지만, 공개 및 비공개 이벤트는 이미 메타버스에서 시간을 소비하는 주요 판매 지점입니다. 미술 전시회부터 음악 콘서트, 애프터 파티까지 모든 인기 있는 가상세계는 정기적으로 가상 행사를 열고 있습니다.

게다가 메타버스의 이벤트는 단순히 파티를 하거나 디지털 아트를 프로깅(flogging)하는 것이 아닙니다. 다른 형식에는 아바타가 가상 공간에서 상호작용하여 제품을 디자인하고 배송하는 스타트업 부트캠프, 가상 투어, 전문 이벤트, 회의 및 언어 학습 모임과 같은 교육 이벤트가 포함됩니다.

잠재적인 비즈니스 모델에는 이벤트 관리 회사, 고용 장소, 사회자 및 고용 DJ 서비스, 이벤트 마케팅, 가상 웨딩 플래너 등이 있습니다.

8 장

메타버스: 다음 빅씽을 위한 준비

첫 번째 가상자산 구매

8장 첫 번째 가상자산 구매

가상자산은 흥미로운 기회이지만(일부 관찰자들은 가상 토지를 수십 년 만에 가장 큰 토지 점유로 주장하기도 함), 이는 아무도 말하지 않는 것을 언급할 가치가 있으며, 그것은 디지털 토지의 무한한 공급입니다. 인터넷이라는 광활한 우주에 가상 토지가 존재하고 끝나지 않는 블록체인 원장에 기록된다면 가상 토지가 어떻게 가치를 보유하거나 경쟁하며 실제 토지의 가치를 뛰어넘기를 바랄 수 있을까? 이는 중요한 질문이며 첫 번째 가상 부동산을 구입하기 전에 넘어야 할 중요한 위험회피 수단입니다.

웹사이트 도메인 이름과 다를 바 없으며, 실제로 인터넷에서 사용할 수 있는 가상 토지 공급에 대한 상한선은 없습니다. 디센트럴랜드(Decentraland)나 더 샌드박스(The Sandbox)와 같은 일부 세계에서는 의도적으로 토지 할당량을 제한할 수 있어 시장가치를 높일 수 있지만, 다른 세계에서는 특히 시장 수요가 증가함에 따라 새로운 가상 토지가 계속해서 생성될 것입니다.

에픽게임즈(Epic Games)의 CEO인 팀 스위니(Tim Sweeney)는 다음과 같이 설명합니다. "몇 년 전까지만 해도 모든 게임회사들이 웹페이지를 만들고 그런 다음 어느 시점에서는 페이스북 페이지를 만든 것처럼, 이제 모든 기업들은 게임회사와의 파트너십 또는 포트나이트(Fortnite), 마인크래프트(Minecraft) 및 로블록스(Roblox)와 같은 게임을 통해 실시간 라이브 3D 실재감을 느낄 수 있습니다."

모두에게 메타버스에 참여할 수 있는 기회를 주기 위해 점점 더 많은 가상 토지가 만들어지고, 웹사이트 도메인 네임의 가치와 유사하게 해당 위치로 향하는 특정 콘텐츠와 트래픽은 본질적인 가치가 창출될 곳입니다. .com 그리고 보다 최근에는 .io 도메인과 .xyz라는 이름의 방식으로, 매우 수요가 많은 가상 토지에 대한 공급은 위치를 포함한 수많은 요인에 의해 제한될 것입니다. 특정한 세계, 지역 그리고 다른 중앙에 위치한 토지들은 가상 테마 파크, 인기 있는 게임 장소, 도보 교통 접근성 그리고 특정 커뮤니티와 같은 가치 있는 장소들과 가깝기 때문에 더 가치가 있을 것입니다.

가상 부동산과 오프라인 부동산의 차이점

실제 토지와 가상 토지에 투자하는 것은 비슷한 점이 많지만, 사실 가상세계에서 부동산을 사는 것에도 많은 차이점과 이점이 있습니다. 현실세계에서 자산을 소유하는 것, 특히 랩톱 전원을 켤 수 있는 장소와 잠잘 수 있는 침대가 있는 것 등의 명백한 이점에도 불구하고 가상세계는 훨씬 더 다양하고 이동하기에 편리합니다. 예를 들어, 어떤 가상세계는 순간 이동을 허용합니다. 이는 당신이 위치 좌표를 입력하면 그곳에 즉시 도착할 수 있다는 것을 의미합니다. 그러나 다른 가상세계에서는 실제 세계에서와 마찬가지로 걷거나 뛰는 속도로 정해진 시작 지점에서 이동해야 합니다.

일반적으로 가상세계의 시작점에 대한 근접성을 최대화하고 싶기 때문에 이 특정 정보는 토지를 구입할 때 매우 중요합니다. 그러나 사용자가 목적지로 순간 이동할 수 있다면 이 정보는 중요하지 않으므로 정확한 위치가 중요하지 않습니다.

다음으로 큰 차이점은 낮은 간접비입니다. 현재는 쓰레기 수거 등 공공 서비스를 위해 지방의회에 납부하는 토지요금이 없고, 매월 전기요금이 없으며 수도요금도 없습니다. 또한 실제와 달리 세입자 문제, 자연재해, 건축자재 품질 저하 등 무수한 문제로 발생할 수 있는 예상치 못한 비용이 훨씬 적습니다.

대부분의 경우, 잠재적인 건축비용을 제외하고 부동산 구입 후 비용이 최소로 발생합니다. 사실 가장 큰 걸림돌은 급격한 통화 절상이나 건설용역에 대한 수요 증가로 인한 계약자 물가상승일 가능성이 높습니다. 게다가 신뢰할 수 없거나 반응이 없는 계약자들은 건설이 다소 지연될 수 있습니다.

마지막으로 가상 토지가 실제 토지의 직접적인 대체물이 아니라는 점을 다시 한번 강조합니다. 사용하지 않는 실제 물건을 저장하고, 먹고, 마시고, 메타버스 안에서만 당신의 삶을 살 수 없습니다. 가상현실 헤드웨어를 사용하더라도 피자 배달에는 여전히 사람이 살고 있는 집과 실제 주소가 필요합니다. 가상 토지는 웹사이트 도메인이나 페이스북 페이지와 같이 단순히 인터넷상의 목적지입니다.

다른 관점에서 보면 가상 토지는 실제로 목적지 내의 목적지로써 가상세계(예: 디센트럴랜드 또는 솜니움 스페이스) 내에 단일 구획, 사유지 또는 구역으로 포함되어 있습니다.

가상 부동산 매입

현실에서 부동산을 구입하는 것과 마찬가지로 가상 부동산을 구입하는 데는 여러 가지 투자 방식이 있습니다. 가장 인기 있는 두 가지 방법은 바이 앤 홀드(Buy & Hold)(암호세계에서 친근하게 '호들링(Hodling)'으로 알려져 있음)와 바이 앤 플립(Buy & Flip) 또는 줄여서 플리핑(Flipping)으로 둘 다 메타버스 투자에 적용됩니다. 먼저 이 두 가지 투자 접근 방식의 차이점을 살펴보겠습니다.

바이 앤 플립(Buy & Flip)

바이 앤 플립 방식으로 부동산을 매입해 일정 기간(보통 짧은 시간) 보유하다가 차익을 보고 부동산을 매각하는 것을 목표로 합니다. 보유할 부동산을 사는 대신 오로지 단기 · 중기 투자로 매입하는 셈입니다.

부동산을 넘기는 사람들은 일반적으로 부실 부동산을 사서 차익을 보고 팝니다. 대부분 일단 집을 구입하고 나면 새 주인은 집을 수리하고 개조하는 일을 시작해야 합니다. 그러나 항상 그럴 필요는 없습니다. 때때로 소유자는 단순히 부동산을 보유하여 적절한 구매자나 재판매 기회를 찾고 싶어 할 수 있습니다.

원하는 특정 이윤에 도달하기 위해 구매자는 자산을 싸게 사고 비싸게 파는 최종 목표를 가지고 초기 투자, 리노베이션 비용(해당되는 경우), 판매비용(거래 수수료, 상장 수수료, 에이전트 수수료 및 개발자에 대한 로열티 포함)을 고려해야 합니다. 전체 프로세스에는 계산된 리스크와 전략이 포함되며, 올바르게 구현될 경우 경제적 자유로 가는 효과적이고 검증된 경로입니다.

싸게 사고 비싸게 파는 것 외에도 구매자들은 보통 몇 달 안에 길어야 1년 안에 부동산을 매각하는 것을 목표로 합니다. 그러나 가상세계에서는 몇 시간 또는 몇 분 안에 자산 이전이 가능하므로 여러 가지 이점을 제공합니다.

첫 번째 장점은 이전 매매에서 발생한 이익을 이용하여 더 많은 또는 더 나은 부동산을 구입할 수 있다는 것입니다. 부동산 평가 절상과 통화 평가 절상으로 이루어진 이익을 현금화함으로써 더 짧은 시간 내에 부동산 포트폴리오(양적 또는 질적)를 확장할 수 있습니다. 이 이론은 플립(flip) 기간 동안 해당 유형의 땅(plot)에 대한 시장 비율 이상의 가치를 부동산에 추가하거나 우수한 협상 및 구매기술을 통해 시장을 임의화하는 경우에만 작동합니다. 예를 들어, 매각 후 빈 플롯을 10,000달러에 팔더라도, 그 10,000달러를 사용하여 동등한 한 구획의 땅만 살 수 있습니다. 다만 가치를 더하기 위해 토지 구획 위에 사업체나 새 건축물을 만든 뒤 20,000달러에 팔면 갑자기 시가 10,000달러의 가치가 있는 빈 땅 두 구획을 새로 살 수 있게 됩니다.

둘째, 수익을 기록하여 다양한 자산에 투자할 자본을 창출하는 경우 여러 가상세계에 걸쳐 다각화할 수 있습니다. 이는 사용자 전환 또는 다른 경쟁 가상세계의 증가로 인해 시장이 붕괴될 수 있는 하나의 세계에 대한 의존도를 감소시킵니다. 처음에는 하나의 부동산에만 투자할 자금만 있을 수 있지만, 일련의 수익성 높은 거래를 통해 두 개의 부동산을 별도의 가상세계에서 구입할 수 있습니다.

또한 메타버스와 웹 3.0이 웹 2.0 인프라를 부분적으로 대체할 예정이지만, 이 새로운 시대에 어떤 메타버스 세계가 살아남을지 보장할 수 없습니다. 그러한 점을 고려할 때 당신은 포트폴리오를 다양화하거나 최소한 다양화할 수 있는 동안 이익을 위해 한두 개의 부동산을 플립(flip)하고 싶을 수 있습니다.

다음으로 여러 부동산을 자주 사고팔기 때문에 필연적으로 가상 계약자, 건축가, 복셀 디자이너, 전문 구매자 및 기타 가상 전문가들로 구성된 개인 네트워크를 개발할 수 있습니다. 이것은 여러분이 도움이나 자원을 요청할 수 있는 사람들의 네트워크를 곧 갖게 된다는 것을 의미합니다.

마지막으로 강세장, 특히 NFT 분야에서 이익을 내는 것이 때때로 합리적입니다. 암호화폐 전략가이자 'Friends With Benefits'라는 소셜 DAO의 매니저인 쿠퍼 터리(Cooper Turley)는 "당신은 정말로 이 공간에서 이익을 취할 필요가 있습니다. 나는 우리가 매일 NFT로 버는 돈의 양이 내가 암호화폐에서 5년 동안 본 그 어떤 것과도 다른 전례 없는 영역에 있다고 생각합니다. 그것은 지속 가능하지 않고, 극도로 중독적이고, 극도로 흥분되며, 오래 지속되지 않을 것입니다. 따라서 ETH(이더리움)에 대해 5배 또는 10배 상승된 NFT를 구입할 만큼 충분히 운이 좋았던 사람이라면, 이러한 상황은 일정한 기간 동안 발생할 가능성이 매우 낮은 시나리오라는 것을 인식하시기 바랍니다."[01]

01 NFT Culture Series Episode 2: Cooper Turley, It's All About Culture, *The Delphi Podcast*, September 10, 2021.

바이 앤 홀드(Buy & Hold)

앞서 언급했듯이 부동산을 플리핑(flipping, 낮은 가격에 사서 리모델링을 거친 뒤 되파는 투자방식)하는 것만이 부동산에 투자하는 유일한 방법은 아닙니다. 당신이 채택하고 싶은 또 다른 접근법은 바이 앤 홀드 전략입니다.

바이 앤 홀드 전략에 따라 투자자들은 부동산을 다른 사람[02]에게 임대함으로써 부동산을 보유합니다. 이 방법에 따르면 주택담보대출은 보통 월세(또는 다른 임대계약)에서 서서히 상환됩니다. 장기적인 계획은 자산을 구축하고 부동산의 가치가 상승하도록 하는 것입니다. 부동산 매입에서 매각까지의 기간은 일반적으로 약 5년입니다.

실제 세계에서는 주택담보대출이 흔하지만, 특히 대부분의 가상세계에서 다섯 자리 숫자(USD) 미만으로 처음 값싼 부동산을 취득할 수 있다는 점을 감안하면 가상세계에서는 대부분의 구매자들이 전액 선납하고 있습니다(적어도 당분간은 가상 토지에 대한 주택담보대출산업도 완전히 자리를 잡지 못하고 있습니다.).

올바른 전략 선택

투자전략을 선택할 때는 우선 투자목표를 평가해야 합니다. 단기적으로 금전적 이익을 창출할 계획이라면 부동산을 보유하는 것이 올바른 전략이 아닐 수 있습니다. 부동산을 플리핑하면 단기적으로 이득을

02 일반적으로 토지를 임차한 사람은 토지 위에 체험, 게임, 미술관 등을 만들 수 있지만 소유권은 부동산 소유자가 갖습니다.

얻을 수 있으며, 향후 부동산에 재투자하여 더 큰 수익을 얻을 수 있습니다.

마지막으로 부동산 투자전략을 구상할 때 당신은 자체 통화 토큰을 고려해야 합니다. 예를 들어, 디센트럴랜드와 더 샌드박스는 각각 마나(MANA)와 샌드(Sand) 형태로 자체 화폐를 제공하며, 이를 통해 부동산 매입, 계약자 대금 지급, 자재 구입 등을 교환 형태로 사용할 수 있습니다. 그러나 이러한 세계는 이더리움 블록체인에 의결권뿐만 아니라 누가 어떤 부동산을 소유하는지 지시하는 스마트 계약 등이 기록되어 있습니다. 이는 당신의 자산가치가 단지 특정한 실제 세계 화폐의 가치에만 노출되는 것이 아니라 그 기반이 되는 블록체인에도 노출된다는 것을 의미합니다. 디센트럴랜드의 토지를 매입하기 위해 명목화폐(fiat)를 마나로 전환하면 디센트럴랜드와 그 로컬 토큰에 베팅하는 것은 물론 이더리움의 시장가치, 즉 가스 수수료(gas fees)까지 노출되는 셈입니다.

이것이 부분적으로 이더(Ether)에 묶인 마나의 가치가 상승하거나 하락하는 것을 종종 볼 수 있는 이유입니다. 이더에 더 많은 투자를 할수록(투기나 과잉투자가 아닌 이더리움으로의 기능 업그레이드를 기반으로) 특정 블록체인에 기록된 토지를 소유하는 것에 대해 더 확신할 수 있습니다.

시장 조사

가상자산 구매에 대해 생각하기 전에 먼저 시장을 면밀히 살펴봐야 합니다. 결정을 내리는 데 도움이 되도록 평가 단계에서 염두에 두어야 할 몇 가지 단계가 있습니다.

첫 번째 단계는 시장을 조사하는 것입니다. 가능하면 방문하고 2차 시장에서 사양을 검토하여 주요 영역에서 사용할 수 있는 가상자산을 확인하십시오.

각 가상세계의 공식 웹사이트나 오픈씨(OpenSea)와 같은 2차 마켓플레이스에서 가격을 찾을 수 있습니다. 디센트럴랜드(Decentraland) 부동산 시장의 실시간 업데이트를 팔로우하려면 토지 구획에 대해 수락된 입찰 · 판매에 대한 실시간 업데이트를 푸시하는 트위터(Twitter)의 디센트럴랜드 봇(bot)을 팔로우할 수 있습니다(https://twitter.com/dclandbot). 더 샌드박스(The Sandbox)의 경우 메타게임허브(Metagamehub) DAO[03]는 주어진 시간에 주어진 구획의 예상 시장가치를 예측하는 무료 기계학습 가격 책정 알고리즘 도구를 제공합니다(https://www.metagamehub.io/valuation).

정보를 찾는 데 사용하는 디지털 소스가 무엇이든 관계없이 플롯의 한 범주가 구매되는 평균가격을 찾아야 합니다. 이는 주어진 세계 및 지역에서 특정 크기의 최근 판매되거나 판매 중인 자산으로 구성된 스프레드시트를 만드는 것을 의미할 수 있습니다.

이전에 판매된 부동산의 판매가격을 취하면 적절한 제안가격을 대략적으로 계산할 수 있습니다. 부동산의 평균 판매가격이 미화 10,000달러라고 가정해 보겠습니다. 평균가격을 확인하던 중 최저가격이 8,000달러였습니다. 따라서 해당 가격대에서 가격을 제안할 수 있으

---

03 MGH DAO는 NFT 큐레이션 및 DeFi 도구의 생태계를 구축하여 가상 토지에 대한 세분화된 액세스를 허용하고 전반적인 시장 투명성을 향상시키려는 분산형 자율 조직입니다.

며 아마도 미화 10,000달러를 넘지 않을 것입니다.

최근 판매 외에도 고려해야 할 다른 고려 사항이 있습니다. 예를 들어, 실물 부동산 시장에서 전문가들은 종종 시간이 지남에 따라 부동산 가격이 상승하는 것을 고려하라고 조언합니다. 시장이 꾸준히 성장한다는 것은 현재 어떤 가격으로 부동산을 사든 미래에 이익을 얻을 가능성이 높다는 것을 의미합니다.

이 경험 법칙은 시장이 성숙함에 따라 미래에 메타버스에서 부동산을 구매하는 데 적용될 수 있지만, 적어도 당분간은 대부분의 가상자산이 단기적으로는 물론 주요 자산에서도 빠르게 가치가 상승할 것으로 기대할 수 있습니다. 심각한 하락도 단기에서 중기적으로 발생합니다. 시장이 아직 초기 단계에 있기 때문에 가상세계가 살아남을 것이며 이러한 세계의 어느 지역이 번성할지에 대한 구매자 확신이 더 낮습니다. 현재 가치 상승은 투기에 의해 광범위하게 주도되고 투자자들은 여전히 자신의 땅에 세울 새로운 가상 비즈니스 모델을 찾고 있습니다. 필연적으로 현실세계 또는 거대 메타버스에서 암호화폐가 변동함에 따라 변동성과 거품 붕괴가 있을 것입니다.

다음으로 미개발 토지를 구입할 것인지 아니면 디센트럴랜드의 부티크 섬(boutique island)과 같은 '최종 제품'으로 바로 이동할 것인지 결정해야 합니다. 결정은 가상 건설에 대한 시간과 관심에 따라 결정됩니다.

부동산 유형을 줄이는 것 외에도 노력을 집중할 영역을 결정해야 합니다. 임대 증가율이 높은 지역을 살펴보면 기회가 생길 수 있습니다. 그러나 그것은 또한 플롯의 제시가격이 높을 것임을 의미합니다. 즉 토지를 얻으려면 더 많은 투자를 해야 합니다. 일반적으로 임대가격은 도박이나 쇼핑 지역의 부동산과 같은 특정 유형의 부동산이나 지역에 대한 수요가 증가할 때 인상됩니다. 이것이 더 샌드박스의 아타리(Atari) 플롯 또는 디센트럴랜드의 메타주쿠(Metajuku) 근처의 토지를 구입하는 것이 합리적일 수 있는 이유입니다. 이 구역 소유자는 구역을 확장하기 위해 주변 지역에서 플롯을 구입하거나 임대해야 할 수도 있기 때문입니다. 또한 플랫폼 웹사이트의 DAO 섹션에서 최근 또는 현재 투표를 다시 확인하여 해당 세계에 새로운 구역을 생성하거나 승인할 수도 있습니다.

시장에서 해당 부동산의 가치를 알 수 있지만, 실제로 부동산을 방문한다면 계획에 대해 더 확신할 수 있습니다. 이것은 NFT 목록이 정품인지 여부를 확인하는 또 하나의 방법입니다.

예를 들어, 오픈씨(OpenSea)는 지도에서 부동산을 볼 수 있는 링크를 제공하며 일반적으로 아바타를 통해 지도에서 해당 위치로 이동할 수 있는 옵션을 제공합니다. 그러나 아직 공식적으로 개방되지 않은 세계(2021년 현재 트리버스(Treeverse)와 더 샌드박스 포함)에서는 해당 세계가 공개될 때까지 아바타를 통해 토지를 탐험할 수 없으므로 답사 기회가 제한됩니다.

무엇을 사고 싶은지 알고 나면 가상세계에서 찾아볼 수 있습니다. 부동산을 평가할 때 진정으로 투자할지 여부를 결정하는 데 도움이 되는 귀중한 정보를 얻게 됩니다. 잠재적 부동산 평가를 시작할 때 고려해야 할 몇 가지 사항이 있습니다.

첫째, 현재 주변 토지에 무엇이 건설되어 있고 누가 소유하고 있는지 평가해야 합니다. 이는 부동산 가치에도 영향을 미치기 때문입니다. 소유권이 이전되면 토지에 구축된 모든 콘텐츠를 수용하게 된다는 점도 기억하기 바랍니다.

다음은 도보 교통입니다. 귀하의 재산이 가상의 황야에 있습니까? 아니면 다른 아바타들이 정기적으로 지나가는 곳에 있습니까? 이 변수는 아바타에 의존하여 당신의 부동산을 쉽게 찾을 수 있는 비즈니스를 만들거나 당신의 토지에 광고판을 설치하려는 경우에 중요합니다.

그러나 대부분의 세계의 초기 개발 단계를 감안할 때 한 시간 동안 소수의 아바타만 보더라도 놀라지 마세요. 향후 사용자 채택을 예측하는 것은 불가능하지만 해당 세계의 사용자 증가에 따라 5~10의 배수를 추가할 수 있습니다. 또는 한 위치에서 다른 위치보다 더 많은 아바타가 표시되는 경우 잠재적인 도보 트래픽을 벤치마킹하는 데 더 신뢰할 수 있는 지표일 수 있습니다. 또한 아바타가 지리적 위치에 따라 다른 시간에 로그인하므로 하루 중 다른 시간을 테스트해야 할 수도 있습니다. 예를 들어, 오후 8시에 북미 아바타를 많이 볼 수 있지만 같은 시간에 유럽 아바타는 거의 볼 수 없습니다.

더 높은 수준에서는 해당 세계의 사용자 간의 전반적인 참여 및 유지 수준도 고려해야 합니다. 매일 'gm(good morning)'이라고 말하는 사람들의 수를 포함하여 가상세계의 디스코드(Discord) 서버에 있는 활성 기여자 수(가입할 웹사이트에 링크가 있음)를 검토하여 이를 확인할 수 있습니다. 한 번에 며칠 동안 'gm's'가 없는 것을 포함하여 의미 있는 토론이 없었고 사용자가 아이디어와 프로젝트에 대해 논의하기 위해 줌(Zoom) 통화를 조정했다는 증거가 없다면 프로젝트가 더 이상 활발하지 않고 인기가 없을 수도 있습니다.

대안으로 강력하고 응집력 있는 커뮤니티가 보이면 사용자가 새로운 사용자 생성 콘텐츠를 추가하고 프로젝트의 전반적인 채택을 전파하면서 프로젝트가 계속 성장할 것이라는 좋은 표시입니다.

구매

시장을 평가했으므로 이제 부동산 구매를 시작할 준비가 되었습니다. 첫 번째 단계 중 하나는 예산을 설정하고 입찰하려는 여러 부동산의 후보 목록을 작성하는 것입니다.

예산을 결정할 때 투자로 무엇을 하고 싶은지 알고 다른 사람들이 모르는 곳에서 가치를 찾는 것이 도움이 됩니다. 캘리포니아 부동산 매니저인 모제스 케이건(Moses Kagan)은 차별화된 렌즈(lens)를 구축하는 것에 대해 다음과 같이 말합니다. "다른 사람들보다 더 많은 수익을 창출하는 자산을 바라보는 관점입니다. 차별화된 렌즈를 갖추면 시장에 있는 물건만 살 수 있기 때문에 사탕 가게에 있는 아이와 같습니다."

당신에게 이 '차별화된 렌즈'는 가상의 버닝맨(Burning Man) 콘서트장과 같은 가상의 상점과 공공 장소의 번화한 거리에서 한적하고 멀리 떨어져 있어 이익을 얻을 수 있는 독점적인 장소를 개발하는 것일 수 있습니다. 또는 만남의 장소나 미술관과 같이 많은 유동인구에 의존하는 비즈니스를 만들고 있기 때문에 프리미엄 위치에 더 많은 비용을 지불할 용의가 있을 수 있습니다. 다른 경우에는 매우 작은 플롯을 갖는 것이 당신이 원하는 것(예: 광고판 임대)에 완벽합니다.

실제 구매 부분의 경우 일반적으로 부동산은 제한된 기간 내에 경매 입찰 방식으로 매매됩니다. 첫 번째 부동산에 입찰할 때 보수적인 면에서 실수를 시도하고 첫 번째 또는 두 번째 부동산 기회를 놓칠 각오를 하기 바랍니다.

2차 시장에서 가상 토지를 구매하는 경우 최저가격(해당 자산 범주 유형의 최저가격)으로 구매하는 것이 좋습니다. 시장 한가운데에서 토지를 구입하는 것은 더 미묘한 차이가 있고 과도한 가격 책정에 취약할 수 있으며, 시장을 제대로 이해하지 않는 한 해당 자산에 대해 초과 지불할 위험이 더 큽니다.

덜 일반적이지만 공개 시장을 거치지 않고 블록체인을 통해 자산을 직접 양도하는 방법을 고안하는 것도 가능합니다. 이 직접 양도 방법은 질병에 걸린 소유자가 자신의 가상자산을 가족 구성원이나 기타 후원자에게 이전함에 따라 앞으로 더 자주 발생할 것입니다.

부록

메타버스: 다음 빅씽을 위한 준비

시작하기

부록 시작하기

디스코드(Discord)

인스턴트 메시징 및 디지털 배포 플랫폼인 디스코드는 분산 플랫폼 및 블록체인 프로젝트를 위한 주요 커뮤니케이션 허브 중 하나입니다. 디스코드를 사용하여 음성 통화, 영상 통화, 메시징을 통해 통신할 수 있을 뿐만 아니라 비공개 채팅에서 파일을 보내고 '서버'라는 커뮤니티를 형성할 수 있습니다.

모든 주요 가상세계 프로젝트에는 디스코드 채널과 가상자산에 대한 토론을 위한 토지 서버, 아트 서버, 한국어 및 프랑스어와 같은 다른 언어용 서버를 포함하여 대상 대화를 위한 일련의 서버가 있습니다. 이러한 서버는 훌륭한 정보 소스이며 질문을 할 수 있는 귀중한 장소를 제공합니다.

예를 들어, 디센트럴랜드 토지 서버에서 토지를 팔거나 임대하려는 토지 소유자와 토지를 임대하거나 구입하려는 다른 회원을 찾을 수 있습니다. 또한 각 주요 가상세계에는 SDK(Software Development Kit) 및 애니메이션 기능에 관한 신규 사용자 및 기술 질문에 대한 일반적인 질문에 답변하는 전용 디스코드 서버가 있습니다.

당연히 의심스러운 외부 링크를 포함하여 디스코드 서버에서 공유되는 잠재적인 사기를 피하기 위해 항상 주의를 기울여야 하며 디지털 지갑이나 기타 사유 재산의 보안을 위협할 수 있는 정보를 절대로 공개하지 않아야 합니다.

지갑(Wallet)

첫 번째 가상자산에 입찰하거나, 메타버스에서 공연을 위한 자금을 받거나, 최신 아바타 액세서리를 구매하는 등 어떤 단계에서는 디지털 지갑을 등록해야 합니다. 또한 로그인하고 일부 가상세계 내에서 아이템, 경험 또는 카르마를 수집하기 위해 때때로 디지털 지갑이 필요합니다.

작성 당시 이더리움 기반 플랫폼과의 상호작용을 위한 가장 일반적인 지갑은 메타마스크(MetaMask)라는 브라우저 확장 지갑입니다. 메타마스크 지갑을 사용하면 이더(Ether, ETH), 마나(MANA), 큐브(CUBES), 샌드(SAND) 등을 포함한 이더리움(Ethereum) 기반 코인을 보내고 받을 수 있을 뿐만 아니라 이더리움 기반 세계에 로그인하여 NFT를 구매 및 보유할 수 있습니다.

메타마스크는 크롬(Chrome), 파이어폭스(Firefox), 브레이브

(Brave) 및 에지(Edge) 브라우저에서 사용할 수 있습니다. 메타마스크를 다운로드하려면 먼저 metamask.io 또는 크롬 스토어(Chrome Store)와 같은 브라우저 스토어로 이동하여 공식 메타마스크 확장 프로그램을 다운로드하면 됩니다. 거기에서 지갑 설정 지침을 따르면 됩니다.

메타마스크를 처음 설치하고 열면 무작위로 생성된 12단어 시드 구문이 발행됩니다. 이 12개의 단어를 안전한 곳에 저장하는 것이 중요합니다. 이 정보는 지갑의 전체 내용을 잠금 해제할 가능성이 있으므로 이 시드 문구가 안전하고 보안이 되는지 확인하는 것이 매우 중요합니다. 컴퓨터나 메타마스크 계정에 문제가 발생하더라도 12단어 시드 구문만 있으면 모든 계정 세부 정보와 자금을 복구할 수 있으므로 걱정할 필요가 없습니다. 시드 문구를 적어서 안전한 장소(대부분의 사람들은 내화 금고 같은 것을 권장함)에 보관하고 시드 문구를 해킹에 취약할 수 있는 디지털 장치에 저장하지 않는 것이 좋습니다.

다음으로 메타마스크가 자동으로 표시되지 않는 경우 오른쪽 상단의 브라우저 탭에 추가합니다.

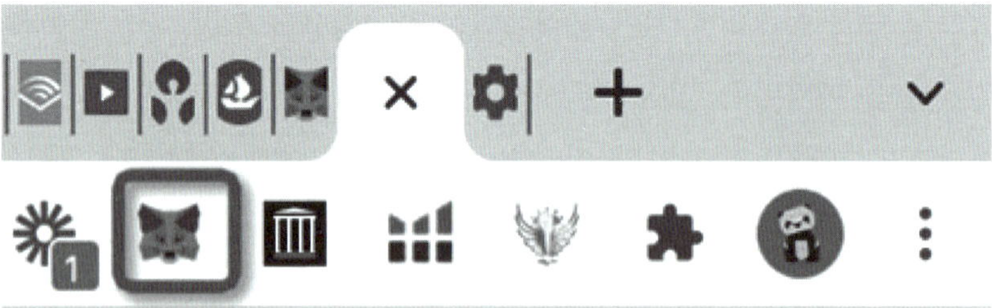

브라우저 확장 섹션에서 여우 아이콘을 찾거나 오른쪽에 있는 세 개의 점을 클릭하여 추가합니다.

메타마스크에 처음 로그인하면 메타마스크가 디앱(DApp: Decentralized Application의 약자임, 블록체인 또는 P2P 네트워크에서 존재하고 실행되는 분산 응용 프로그램 또는 프로그램)에 액세스하기 위한 기본 브라우저 역할을 할 것인지 묻는 메시지가 표시됩니다. '예'를 선택하면 디지털 지갑에 대한 액세스를 요청하는 링크를 클릭할 때마다 메타마스크를 통해 열리고 추가 가입 단계를 수행할 필요 없이 로그인할 수 있습니다. 이것은 본질적으로 스마트폰에서 일반 모바일 앱을 사용하는 것처럼 쉽게 디앱(DApp)을 사용할 수 있도록 합니다.

보안 측면에서 메타마스크는 하드웨어 지갑 및 암호화 보유 자산을 저장하기 위한 다른 형태의 콜드 스토리지(cold storage)보다 잠재적인 보안 위험에 더 많이 노출되는 온라인 지갑임을 인식하는 것이 중요합니다. 피싱 공격(명성 있는 출처에서 온 것처럼 보이는 사기성 통신)은 메타마스크 지갑 소유자가 직면하는 일반적인 위험 중 하나입니다.

따라서 메타마스크에 코인을 보관하는 것은 장기간 보관에 권장되지 않습니다. 디지털 자금을 가장 잘 보호하기 위해 스스로 조사를 수행하는 것이 필요합니다.

자금 이체

메타마스크 지갑에 자금을 충전하려면 암호화폐 거래소(코인베이스(Coinbase), 크라켄(Kraken), 바이낸스(Binance), 제미니(Gemini) 등)에서 이더리움 기반 코인을 보내거나 지갑이 있고 자금을 보내려는 아는 사람에게서 보낼 수 있습니다(사업, 업무, 기부 또는 기타 목적).

메타마스크 지갑으로 자금을 받으려면 이더리움 계정을 나타내고 크로스 플랫폼 웹 3.0(web3) 사용자 이름 및 프로필 역할도 하는 지갑의 ENS(Ethereum Name Service)를 공유해야 합니다. 기본적으로 ENS 도메인은 다음과 같은 42자의 16진수 주소로 구성됩니다: 0x8155e981BCeCDEE4f2b77db16d48Dbd2E6d18E62.

또한 연간 0.001ETH(2021년 말 기준 5달러)의 저렴한 가격에 사용자 지정 ENS 도메인을 구입할 수 있으며, 이는 당분간 실제 ENS 도메인의 실제 비용을 훨씬 초과합니다. 이더리움 계정당 하나의 기본 ENS 도메인만 가질 수 있으며, 이 도메인은 언제든지 변경할 수 있습니다. 즉 두 개의 ENS 도메인을 가질 수 있지만 한 번에 하나의 ENS 도메인만 이더리움 계정에 연결할 수 있으며 다른 도메인은 소유한 다른 이더리움 계정에 연결되어 있지 않으면 비활성화됩니다. 또한 오픈씨(OpenSea)를 포함한 2차 시장에서 ENS 도메인을 사고팔 수 있다는 점을 염두에 둘 필요가 있습니다.

마지막으로 토큰을 구매할 암호화폐 거래소를 선택할 때 거래소에서 제공하는 코인(예: 2021년 현재 코인베이스는 샌드 및 큐브를 제공하지 않음), 거주 국가에 따른 자격 요건 및/또는 귀하의 세금 위치 및 암호화폐를 구매하기 위해 거래소에 명목화폐(예: USD, GBP, AUD)를 송금 · 이체할 수 있는지 여부 등을 확인해야 합니다. 일반적으로 높은 거래 수수료로 인해 신용카드를 사용하여 코인을 구매하는 것을 피할 필요가 있습니다. 또한 선호하는 결제 방법과 보안 및 사용 편의성과 같은 기타 정책에 따라 환전 수수료를 고려해야 합니다.

오픈씨(OpenSea)

메타마스크(MetaMask) 또는 이에 상응하는 지갑을 이더리움 기반 코인(비트코인 아님)으로 채우면 분산형 세계 시장이나 오픈씨와 같은 2차 시장에서 구매할 수 있습니다.

오픈씨는 가상 토지, 예술, 아바타 이름, 아바타 스킨, ENS 도메인 및 이더리움 블록체인 또는 폴리곤(Polygon) 사이드체인(sidechain)[01]으로 발행되거나 이전된 기타 수집품을 포함한 가상자산을 사고파는 P2P 시장을 제공합니다.

오픈씨는 이더리움 블록체인에 구축된 레이어 2 확장 솔루션인 폴리곤(Polygon, 이전에는 매틱(Matic)으로 알려짐)에 대한 지원을 추가하여 플랫폼에서 보다 비용 효율적으로 구매 및 판매할 수 있도록 했습니다. 특히 폴리곤은 네트워크 혼잡이 심한 기간 동안 이더리움 사용의 높은 가스 수수료를 방지하는 데 도움이 됩니다. 사실 2021년에 오픈씨는 이더리움 네트워크에서 가장 큰 가스 소비자였습니다.

오픈씨에서 NFT를 검색하려면 프로젝트 이름이나 디지털 아티스트를 입력하고 검증된 컬렉션인지 확인하기 위해 파란색 체크 표시가 있는지 확인합니다. 오픈씨에는 정해진 예산과 구매 유형(경매 또는 지금 구매), 특정 블록체인 및 판매 통화를 기반으로 항목을 검색하는 데 사용할 수 있는 여러 필터가 있습니다. 일반적으로 오픈씨의 대부분의 항목은 이더(Ether, ETH)로 가격이 책정되지만 사이드체인 폴리곤이 아닌 샌드와 같은 로컬 토큰으로 가격이 책정되는 경우도 있습니다.

01 미래에는 오픈씨는 다른 블록체인과 통합될 것입니다.

또한 한 코인을 다른 코인으로 변환할 수도 있습니다(예: 비트코인에서 이더리움으로 변환). 메타마스크 지갑을 사용하여 현재 코인을 구매하고 보유하고 있는 암호화폐 거래소 또는 유니스왑(Uniswap) 및 오픈씨(OpenSea)와 같은 타사 플랫폼에서 사용할 수 있습니다. 코인 전환 시 사용하는 플랫폼을 기준으로 전환 수수료 비교에 유의가 필요합니다.

이더(ETH)는 또한 경매 판매에 입찰하는 데 사용되는 포장된 이더(WETH: Wrapped ETH)로 교환할 수 있습니다. 표준(Standard) 이더는 거래가 즉시 승인되고 향후 승인되지 않도록 프로그래밍되었으므로 오픈씨에서 입찰을 제출하고 경매에 참여하는 데 사용할 수 없습니다. 표준 이더(ETH) 및 마나(MANA) 및 샌드(SAND)와 같은 기타 코인은 즉각적인 거래인 바이 나우(buy now) 방법[02]을 사용하여 오픈씨에서 NFT를 구매하는 데 사용할 수 있습니다.

한편, 포장된 이더는 구매자가 입찰자의 추가 조치 없이도 나중에 이행될 수 있는 사전 승인된 입찰을 할 수 있도록 프로그래밍되어 있습니다. 이 시간 지연을 통해 표준 이더 사용으로 불가능한 미래 거래(미래 몇 시간, 며칠 또는 몇 주)와 발생할 수도 있고 아닐 수도 있는 향후 거래에 대해 경매에 입찰할 수 있습니다. 경매에서 낙찰되면 포장된 이더가 판매자에게 발송되며, 입찰에 실패하면 포장된 이더의 전액이 귀하의 지갑으로 반환됩니다.

표준 이더와 포장된 이더의 가치는 완전히 동일하므로 가격차이는 걱정하지 않아도 됩니다. 표준 이더는 검은색 이더리움 아이콘으로 표

02 디센트럴랜드 마켓플레이스(미래 몇 시간, 며칠 또는 몇 주)와 같은 주요 마켓플레이스에서는 MANA라는 지역 토큰을 사용하여 부동산에 입찰할 수 있습니다.

시되는 반면, 포장된 이더는 분홍색 이더리움 아이콘으로 표시됩니다.

메타마스크 지갑 내에서 거래에 서명한 후 적당한 비용으로 오픈씨 내에서 직접 표준 이더를 포장된 이더로 또는 다른 교환 플랫폼을 통해 편리하게 변환할 수 있습니다. 그러나 일반적으로 포장된 이더(WETH)를 이더로 다시 변환하는 것보다 이더를 포장된 이더로 변환하는 것이 더 저렴합니다.

오픈씨(OpenSea)에서 판매

오픈씨에 처음 등록한 판매자는 판매자 계정을 설정하기 위해 두 가지 거래 가스 수수료를 지불해야 합니다. 하나는 지갑이 판매 주문을 수행할 수 있도록 승인하고 다른 하나는 판매가 발생할 때 오픈씨가 NFT 항목에 액세스할 수 있도록 허용하는 것입니다. 시간 요금이므로 한 번만 지불됩니다.

이더리움 네트워크에서 이루어진 NFT 거래에도 가스 수수료가 부과됩니다. 고정가격 품목의 경우 구매자가 가스 수수료를 지불하고 경매 또는 구매자 주도 가격 제안의 경우 판매자가 수락하기 위해 가스 수수료를 지불할 책임이 있습니다. 네트워크 혼잡이 심한 시간에는 가스 수수료가 엄청나게 비쌀 수 있으며 때로는 실제 판매되는 품목보다 더 비쌀 수 있습니다. 또한 가스는 거래 전에 구매하여 나중에 사용할 수 없습니다. 라이브 스팟 가격으로만 구매 가능합니다.

또한 오픈씨의 각 판매에는 현재 2.5%의 서비스 수수료(이 업계에 비해 상대적으로 낮음)와 NFT 작성자[03]에게 잠재적인 로열티 수수료가 부과되며 이는 종종 10% 이하입니다.

잠재적 구매자로부터 입찰가를 받을 때 입찰가가 올바른 통화로 발행되었는지 확인하십시오. 때때로 여러 통화로 입찰할 수 있기 때문입니다. 예를 들어, 1달러는 가치 측면에서 1이더와 동일하지 않습니다. 낮은 입찰가 제안을 피하기 위해 판매가 발생하기 위해 도달해야 하는 최소 구매금액을 구현하는 예약가격을 설정할 수 있습니다. 경매에 입찰된 물건을 가로채려는 막판 시도를 피하기 위해 경매가 끝날 때마다 경매는 10분씩 연장됩니다.

오픈씨(OpenSea) 사용 팁

- NFT 프로젝트를 평가할 때 많은 소유자 수(몇 사람에 의존하지 않는 강력하고 분산된 수요를 의미)와 비교적 낮은 공급(희소성을 유발함)을 보는 것이 좋습니다.
- NFT 소유에 대한 변동성의 여러 분기를 인식하십시오. 여기에는 NFT 자체의 시장 변동성, 두 번째로 코인의 변동성(예: 이더, 마나 등), 이더리움 네트워크에서 운영되는 마나 및 샌드와 같은 ERC-20 토큰의 경우 상위 토큰의 변동성이 포함됩니다. 또한 거래소의 '예 또는 아니오' 승인 없이 시장가격으로 거래소에서 공개적으로 판매될 수 있는 통화 토큰과 달리 NFT는 유동적이지 않습니다. 판매에 명시적으로 동의하려면 개별 구매자가 필요하

03 오픈씨에서 자신만의 NFT를 만들고 발행하는 경우 지속적인 로열티 수수료를 프로그래밍할 수 있으므로 각 2차 판매에서 커미션을 받을 수 있습니다.

며, 이는 만연한 매도 상황에서 찾기 어려울 수 있습니다.

- 일반적으로 구매자가 가스 수수료와 전체 가격을 지불해야 하는 '지금 구매' 옵션을 클릭하는 것보다 포장된 이더로 입찰을 제출하면 더 나은 가격을 받고 가스 수수료를 피할 수 있습니다. 그러나 이 접근 방식은 판매자가 귀하의 입찰을 수락해야 하고 판매가 발생하는 데 더 많은 시간이 걸리기 때문에 항상 작동하는 것은 아닙니다.
- 판매자가 목록에 디스코드(Discord) 연락처 정보를 포함하는 경우가 있습니다. 이를 통해 디스코드(오픈씨에서는 불가능)에서 직접 대화하고 더 나은 가격을 협상할 수 있을 뿐만 아니라 구매자 · 판매자 관계를 발전시킬 수 있습니다. 예를 들어, 판매자와 디센트럴랜드의 토지 구매를 협상한 후 디스코드를 통해 미술관 건립에 대해 몇 가지 질문을 할 수 있었고 판매자는 친절하게도 내 땅에 설치할 수 있는 무료 3D 갤러리 모델을 제공했습니다.
- 포장된 이더를 사용하여 판매 목록에 없는 오픈씨에 나열된 NFT에 입찰할 수 있습니다. NFT가 (경매 또는 즉시 구매를 통해) 판매된 후 오픈씨에서 계속 볼 수 있으며 누구나 구매 입찰을 할 수 있으며 현재 구매자는 이를 수락하거나 무시할 수 있습니다. 즉 가상 토지 또는 ENS 도메인과 같은 NFT는 포장된 이더를 사용하여 NFT 소유자에게 제안을 제출하기 위해 판매 목록에 기재할 필요가 없습니다.
- 다른 NFT 보유자의 컬렉션을 조회하려면 오픈씨의 검색창에 이더리움 주소를 입력할 수 있습니다.
- 만약 가격이 너무 비싸서 믿을 수 없다면 그것은 사기이거나 업

계에서 러그풀(a rug pull, 역자주: 암호화폐시장에서 개발자가 투자금을 가로챈 뒤 갑자기 프로젝트를 폐쇄하는 투자사기 행위를 말함. 양탄자(rug)를 잡아당겨(pull) 그 위에 있는 사람을 쓰러트리는 행위로 갑자기 중요 프로젝트를 중지한다는 뜻임)이라고 알려진 것이 될 가능성이 꽤 높습니다.

- 오픈씨에서 구매할 때 사기를 방지하려면 구매하려는 NFT가 작성자 이름 옆에 파란색 체크 아이콘이 있는 확인된 컬렉션에서 가져온 것인지 항상 확인하십시오.

– 솜니움 스페이스에서 제작

| 감사인사 |

다가오는 메타버스에 대한 짧은 입문서를 읽어주셔서 감사합니다. 나는 이 가이드를 작성하는 것이 매우 즐거웠으며, 여러분이 이 새로운 인터넷 시대에 대해 더 많이 배우는 여정을 계속할 수 있기를 바랍니다. 미래를 완벽하게 예측하는 것은 불가능하지만 인터넷 환경이 끊임없이 변화하고 진화하고 있음을 인식하고 인정하는 것만으로도 앞서나가는 출발을 즐길 수 있습니다.

더 많은 연구를 수행한 후 다음 단계 중 하나는 실제로 메타버스를 탐색하는 것입니다. 이 분야에 대한 관심이 증가하고 있지만 현재 논의의 대부분은 단지 이야기나 과대 광고에 불과하며 실제로 가상세계와 블록체인 게임을 탐색하는 데 시간을 보내는 사람은 훨씬 적습니다. 이 세계에서 시간을 보내면 무엇이 빠져 있는지 깨닫고 새로운 비즈니스 기회를 얻을 수 있습니다.

계정을 만들고 다른 플랫폼의 메타버스에서 시간을 보낸 후 가상 토지를 구매하고 가상 토지 소유자로서 메타버스에서 의결권을 획득하거나 이러한 프로젝트를 인수하는 NFT, 암호화폐 또는 블록체인에 투자하여 더 많은 노출을 얻을 수 있습니다. 또는 The Sandbox Game Maker(3D 복셀 게임 디자인용), Decentraland Avatar, Creator, Blender(3D 모델링 디자인용) 및 Magica Voxel(복셀 모델링 디자인용)과 같은 무료 소프트웨어를 통해 창의적인 아티스트로서 예술, 음악, 게임, 웨어러블, 가상 건물, 복셀 가구 및 기타 가상 상품을 만드는 것을 고려할 수 있습니다. 기존 비즈니스 모델을 메타버스로 이동하거나 메타버스 네이티브 잠재고객을 위해 완전히 새로운 비즈니스 모델을 만드는 방법을 계획할 수도 있습니다.

그러나 신흥 및 인공 우주에 투자하는 데 위험과 자본 위험이 없는 것은 아닙니다. 투자자 여정을 시작하기 전에 투자 결정을 내리는 방법을 결정하는 원칙을 설정하는 것이 중요합니다. 영원히 보유하고 싶거나, 매수하고 이전하거나, 다양한 소규모 베팅 포트폴리오를 구축하고, 하나가 다른 모든 베팅을 합친 것보다 더 많은 수익을 올리기를 원하십니까(나머지 실패한다면)?

당신은 또한 사기나 다른 잠재적인 위험을 경계할 필요가 있습니다. 메타버스가 인기를 끌면서 2017년 소매 투자자들을 노린 암호화폐 공개(ICO) 열풍과 유사한 가짜 투자와 피라미드 사기, 해킹 공격(주로 디지털 지갑 공략), 과대 상품 제공의 온상이 될 가능성이 높습니다.

마지막으로 중요한 다음 단계는 팟캐스트, 회사 뉴스, 특허, 트위터 해설자, 블로그, SF 소설(스노 크래시), 어니스트 클라인의 레디 플레이어 원, 디스코드 채팅 그룹을 포함한 비전통 미디어 등 다양한 정보 소스를 수집하는 것입니다. 이 정보 공급으로부터 당신은 메타버스의 더 큰 발전에서 다음에 어떤 일이 일어날지에 대한 설명을 종합하고자 합니다.

또한 문제를 이해하고 인지 부조화를 강조하기 위해서는 기술 저널리스트 브라이언 머천트(Brian Merchant)[01]와 사이버 보안 전문가 카

01 Brian Merchant, Vice, https://www.vice.com/en/contributor/brian-merchant

브야 펄먼(Kavya Pearlman)과 같은 옹호자와 의심하는 사람 모두에게 정보를 수집하는 것이 매우 중요하다는 것을 기억하십시오. 연구를 진행하면서 여러분은 어떤 미래 지향적인 서술은 앞뒤가 맞지 않는 반면 다른 것들은 그렇다는 것을 깨닫기 시작할 것이고, 이는 여러분에게 가장 좋은 기회가 어디에 있는지 그리고 여러분 역시 어떻게 미래 관리에 도움을 줄 수 있는지를 이해하는 데 도움을 줄 것입니다.

행운을 빌며 메타버스에서 만납시다!

| 추가 정보 |

다음은 메타버스를 이해하는 데 중요한 리소스이며 독자 여러분이 추가 탐색할 수 있도록 권장되는 정보입니다.

스노 크래시(*Snow Crash*, 도서)

닐 스티븐슨(Neal Stephenson)은 수메르 신화와 컴퓨터 프로그래밍을 결합한 메타버스 개념과 이 책의 출판에 영감을 준 사이버 펑크 소설에서 현실세계와 가상현실 사이의 관계를 탐구합니다. 닐의 세부 사항에 대한 빈틈없는 관심과 위키드 스타일의 산문은 여러 부분에서 머리를 어지럽게 만들지만 이 책의 뛰어난 구조는 다른 장에서도 당신을 쉽게 몰입하게 할 것입니다. 그럼에도 불구하고 이 책은 미래에 대한 영감과 통찰력을 얻기 위해 반드시 읽어야 할 책입니다.

레디 플레이어 원(*Ready Player One*, 도서)

2011년에 데뷔작가 어니스트 클라인(Ernest Cline)이 출간한 이 SF 소설은 현실세계와 메타버스 사이에서 벌어지는 또 다른 인기 있는 허구의 이야기입니다. 이야기는 2045년을 배경으로 웨이드 왓츠(Wade Watts)가 세계적인 가상현실 게임에서 부활절 달걀을 찾는 과정을 따라갑니다. 이 소설은 스티븐 스필버그가 감독한 영화로 각색되어 2018년 개봉되었습니다. 나에게 이 책은 스노 크래쉬(*Snow Crash*)보다 읽기 쉽지만 우리가 지금 진입하고 있는 메타버스 시대의 경제학과 역학을 이해하는 데에는 적합하지 않습니다.

메타버스 프라이머(The Metaverse Primer, 블로그)

메튜 볼(Matthew Ball)은 미국의 벤처 자본가이며 그의 블로그(matthewball.vc)를 통해 메타버스를 구축하는 데 중요한 중요한 기술에 대해 설명합니다. 이 리소스는 거시적 투자자의 관점에서 메타버스를 구축하는 데 필요한 기술적 · 이론적 요구 사항을 이해하는 데 탁월한 참고 자료입니다.

DCLBlogger(유튜브)

DCLBlogger는 호주 유튜버이자 블로거이며 메타키(Metakey) 프로젝트의 공동 설립자이자 NFT의 투자자입니다. 디센트럴랜드 가이드 투어와 가상자산을 전환하고 디지털 재산을 축적하기 위해 더 많은 시간을 할애하기 위해 직장을 그만둔 방법에 대한 통찰력은 그의 유튜브 채널과 트위터(@DCLBlogger) 및 다양한 팟캐스트 인터뷰를 확인하십시오.

플레이 투 언(Play-to-Earn, 다큐멘터리)

2021년 1월에 촬영된 필리핀의 액시 인피니티(Axie Infinity)에 관한 이 미니 다큐멘터리는 코인데스크(Coindesk)의 칼럼니스트인 리아 칼론-버틀러(Leah Callon-Butler, 다큐멘터리의 시나리오 작가이자 내레이터이기도 함)의 기사에서 영감을 받았습니다. 리아의 원본 기사는 수입을 얻기 위해 매일 최대 20시간씩 액시 인피니티를 플레이하며 교대 근무를 하던 마닐라 북쪽의 시골 지방에 사는 젊은 가족의 이야기를 다루고 있습니다(https://www.youtube.com/watch?v=Yo-BrASMHU4).

증강된 작업장(*The Augmented Workforce: How Artificial Intelligence, Augmented Reality, and 5G Will Impact Every Dollar You Make*, 도서)

캐시 해클(Cathy Hackl)과 존 부젤(John Buzzell)의 '증강된 작업장(*Augmented Workforce*)'은 새로운 기술이 업무의 미래에서 수행할 역할을 조사하는 새로운 책입니다. 저자는 AR, AI, VR, IoT 및 5G 기술이 조직에서 비즈니스 방식을 개선하기 위해 어떻게 채택하고 있는지 살펴봅니다. 이 책은 메타버스를 직접 다루지는 않지만 지원기술과 비즈니스 사례에 대한 흥미로운 통찰력을 제공합니다. 캐시 해클은 트위터(@CathyHackl)를 포함한 다른 미디어의 메타버스에 대한 탁월한 통찰력으로 팔로우할 가치가 있습니다.

이더리움 마스터하기(Mastering Ethereum: Building Smart Contracts and DApps, 교과서)

업계 전문가인 안드레아스 안토노폴로스(Andreas Antonopoulos)

와 가빈 우드(Gavin Wood)가 저술하고 오라일리 미디어(O'Reilly Media)에서 발행한 이 문서는 토큰, 스마트 계약, web 3.0, 가스 수수료 및 분산 응용 프로그램을 만듭니다.

참고 팟캐스트

- Future of the Metaverse, Cathy Hackl
- Modern Finance, Kevin Rose
- Talk2Much Podcast, Sina Pahlevan
- The Delphi Podcast, Tom Shaughnessy
- Welcome to the Metaverse, MetaverseLuke
- The Metaverse Podcast, Jamie Burke
- Hello Metaverse, Annie Zhang
- Real Vision Crypto
- Bankless

| 찾아보기 |

| 저자 소개 |

테리 윈터스(Terry Winters)

디센트럴랜드(Decentraland), 트리버스(Treeverse), 슈퍼월드(SuperWorld) 및 더 샌드박스(The Sandbox)의 가상 자산 소유자이다. 테리 윈터스는 핀테크와 기술에 관심이 많다. 온라인 교육 플랫폼 유데미(Udemy)에 가상 부동산 투자에 도움이 될 강좌를 개설하고 있다.

- 이메일: terrywinters@protonmail.com
- 트위터: terrywinter07
- 디스코드(Discord): https://discord.gg/6WZZmWgSp2

| 역자 소개 |

김계수

경희대학교에서 경영학을 수학하고 고려대학교 대학원과 경희대학교에서 경영학 석사학위와 경영학 박사학위를 수여하였다. 세명대학교 경영학과에서 통계학개론, 데이터프로그래밍R, 데이터프로그래밍Python, 서비스운영관리 강의를 하고 있다. 세명대학교 대학원 경영학과에서는 구조방정식모델링과 조사연구방법론을 강의하고 있다.

- 이메일: gskim@semyung.ac.kr
- 홈페이지: https://sites.google.com/view/kimgyesoo
- 블로그: https://homodeus.tistory.com/

메타버스: 다음 빅씽을 위한 준비

The Metaverse: Prepare Now for the Next Big Thing!

2022년 4월 20일 1판 1쇄 인쇄
2022년 4월 25일 1판 1쇄 발행

저 자 | 테리 윈터스
역 자 | 김계수
발 행 인 | 이수영
발 행 처 | 도서출판 청람
서울시 마포구 독막로 288(대흥동, 세양상가 109호)
전 화 | 02) 3272-2601~2
팩 스 | 02) 3272-2603
이 메 일 | crbooks@daum.net
홈페이지 | www.crbooks.co.kr
등 록 | 2000년 8월 26일 제6-0509호

ISBN 978-89-5972-876-3 93320 [정가 15,000원]